I0831504

Eine Wiederbegegnung im neuseeländischen Exil.
Der Briefwechsel von Karl Wolfskehl mit Otti und Paul Binswanger
(1939-1948)

GERMANICA PACIFICA

Series Editor James N. Bade

VOLUME 14

Zu Qualitätssicherung und Peer Review der vorliegenden Publikation

Die Qualität der in dieser Reihe erscheinenden Arbeiten wird vor der Publikation durch den Herausgeber der Reihe und Mitglieder des Wissenschaftlichen Beirats geprüft.

Notes on the quality assurance and peer review of this publication

Prior to publication, the quality of works published in this series is checked by the Series Editor and members of the Editorial Board.

Bibliografische Information der Deutschen Nationalbibliothek
Die Deutsche Nationalbibliothek verzeichnet diese Publikation in der DeutschenNationalbibliografie; detaillierte bibliografische Daten sind im Internet über http://dnb.d-nb.de abrufbar.

Der Herausgeber dankt der Wolfskehl-Stiftung (Deutsches Literaturarchiv, Marbach) und dem PBRF-Fund der School of Cultures, Languages, and Linguistics, die den Druck des Bandes finanziell unterstützten.

Umschlagabbildung:
Wolfskehl und Otti Binswanger in Christchurch 1941 (DLA)

ISSN 1439-3387
ISBN 978-3-631-65181-0 (Print)
E-ISBN 978-3-653-04557-4 (E-Book)
DOI 10.3726/978-3-653-04557-4

Peter Lang Edition ist ein Imprint der Peter Lang GmbH.
Peter Lang – Frankfurt am Main · Bern · Bruxelles · New York · Oxford · Warszawa · Wien

Diese Publikation wurde begutachtet.

www.peterlang.com

Friedrich Voit (Hrsg.)

Eine Wiederbegegnung im neuseeländischen Exil

Der Briefwechsel von Karl Wolfskehl mit Otti und Paul Binswanger (1939-1948)

Mit begleitendem Kommentar

Inhalt

Liste der im Text und in den Fußnoten verwendeten Abkürzungen

OB	Otti Binswanger
PB	Paul Binswanger
KW	Karl Wolfskehl
MR	Margot Ruben
Albatros	Otti Binswanger-Lilienthal, *Der Albatros. Ein Weg durch die Zeit. Eine Jugend in Berlin – Leben in der Emigration.* Hrsg. von Friedrich Voit. Berlin 2011
And How Do You Like	Otti Binswanger, "*And How Do You Like This Country?*" *Stories of New Zealand.* Ed. by Friedrich Voit and with an Essay by Livia Käthe Wittmann. Frankfurt 2010, [= Germanica Pacifica. Ed. by James N. Bade, Vol. 5]
Br I	*Zehn Jahre Exil. Briefe aus Neuseeland 1938–1948.* Hrsg. von Margot Ruben. Darmstadt 1959
Br II	*Karl Wolfskehls Briefwechsel aus Neuseeland 1938–1948.* Hrsg. von Cornelia Blasberg. 2 Bde. Darmstadt 1988
Briefe	Friedrich Voit, „Briefe von den Antipoden. Zu den Exilbriefen Otti Binswangers der Jahre 1938–1948)“, in: Inge Hansen-Schaberg u.a. (Hgg.), *Auf unsicherem Terrain. Briefeschreiben im Exil.* München 2013, S. 121–134

DLA	Deutsches Literaturarchiv, Marbach.
FA Halle	Familienarchiv Halle, Berlin
GW	Karl Wolfskehl, *Gesammelte Werke*. Hrsg. von Margot Ruben und Claus Victor Bock. 2 Bde. Hamburg 1960
hschr.	Handschrift / handschriftlich
Leben und Werk	Friedrich Voit, *Karl Wolfskehl. Leben und Werk im Exil*. Göttingen 2005
Msch.	Maschinenschrift /maschinenschriftlich
nvh	nicht vorhanden

Ein Briefwechsel in Neuseeland

Mit seinen Briefen aus Neuseeland[1] wurde Karl Wolfskehl als einer der bedeutenden Briefschreiber des deutschsprachigen Exils bekannt. Der antipodische Inselstaat hatte dem deutschen Dichter seit 1938 Asyl bis zu seinem Tod 1948 gewährt und ihm so fern vom europäischen Kriegsgeschehen Raum und Ruhe gegeben für ein schaffenskrönendes Spätwerk, dem auch seine umfangreiche und weltumspannende Korrespondenz zuzurechnen ist. Seine Exil-Briefe lassen Wolfskehl nicht allein als einen reichhaltigen Korrespondenten erkenne, der sich auf jeden seiner Briefpartner in Ton und Themen einzustellen vermochte, sie dienten ihm auch dazu, die Fassetten eines Selbstbildes zu gestalten, das ihn, wie er sich selbst immer wieder in den Briefen gerne bezeichnete, als Exul[2] und sein Exil als exemplarisch für diese Zeit zeigen sollte. Die Mehrzahl der in der zweibändigen Ausgabe von 1988 immer nur in z.T. knapper Auswahl dokumentierten Korrespondenzen sind an Freunde und Bekannte in Übersee gerichtet – nach Europa, Palästina, USA, Südamerika und nach Kriegsende auch wieder nach Deutschland. Nur ein kleiner Teil der über 450 Briefe hat Adressaten in Neuseeland selbst. Das spiegelt zum einen die tatsächliche Gewichtung innerhalb der Korrespondenz Wolfskehls wider, doch auch eine auffällige Auslassung der Herausgeberin der Briefe. Ein Grund dafür mag gewesen sein, dass die Adressaten dieser Briefe in Deutschland so gut wie unbekannt waren. Dies hat jedoch zur Folge, dass mancher Einblick in Wolfskehls Lebenswirklichkeit im Exil ausgeblendet blieb.

Erkennbar wird dies in zwei fast die ganze neuseeländische Exilzeit umfassenden Briefwechsel, die Wolfskehl in Neuseeland führte – dem mit Otti und Paul Binswanger und dem mit Caesar und Hanna Steinhof. Diese beiden Briefwechsel sind in den Auswahlausgaben jeweils nur mit weniger als einer Handvoll Briefen repräsentiert. Zunächst heben sich diese Briefe von denen nach Übersee gerichteten dadurch ab, dass die Briefschreiber sich in ihnen vor allem über Leben und Schaffen im gemeinsamen Asylland austauschen und bestärken. Die Europaferne von „Erdballs letztem Inselriff“[3]

---

1 *Zehn Jahre Exil. Briefe aus Neuseeland 1938–1948.* Hrsg. und eingeleitet von Margot Ruben. Darmstadt 1959 (im Folgenden: *Br I*) und *Karl Wolfskehls Briefwechsel aus Neuseeland 1938–1948.* Hrsg. von Cornelia Blasberg. 2 Bde. Darmstadt 1988 (im Folgenden: *Br II*).

2 Selbst noch auf der Grabplatte im Aucklander Waikumete-Friedhof ist unter seinem Namen – in hebräischen und deutschen Lettern – die Selbstbezeichnung „Exul Poeta“ eingraviert.

3 *GW I*, S. 225.

bedurfte hier keiner Erläuterung, man teilte sie und der Gestus des verbannten Dichters fehlt hier fast ganz. Sonst freilich unterscheiden sich auch diese beiden Korrespondenzen, wie so oft bei Wolfskehl, in ihrer Gestimmtheit und inhaltlicher Ausrichtung.

Den jüdischen Theologen Caesar Steinhof (1909–1954) hatte Wolfskehl 1939 in Auckland kennengelernt. Er stammte aus Hamburg und war mit seiner Familie nach Neuseeland entkommen, wo man ihm eine Position als Reverend in Christchurch in Aussicht gestellt hatte. Als diese sich jedoch zerschlug, absolvierte er in Auckland eine Zusatzlehrerausbildung, ehe er Anfang 1940 eine Anstellung als Religionslehrer in Dunedin auf der Südinsel fand. Zwischen Steinhof, der Wolfskehls unter deutschen Juden vielgelesenen Gedichtzyklus *Die Stimme spricht* (1934) kannte, und dem Dichter entstand bald ein tiefes Einverständnis und beide trafen sich häufig zu nächtlichen Gesprächen. Der so viel jüngere Gelehrte wurde Wolfskehl eine profunde Quelle jüdischen Wissens; er war ihm, wie er Steinhof dankend bekannte, „der erste Jude, mit dem ich mich verstehe als einem Juden, ohne irgend andre Zutat, schrankenlos und ungehemmt."[4] Die Freundschaft schloss die ganze Familie ein, deren jüdische Lebensform und Haltung Wolfskehl beeindruckte und beim Zusammensein teilte. Nach dem Wegzug der Steinhofs blieb die briefliche Verbindung und Caesar Steinhof gehörte zu den wenigen, denen Wolfskehl neuentstandene, noch unveröffentlichte Gedichte sandte, die dann Eingang in die letzte Fassung des Zyklus *Die Stimme spricht*[5] und die *Hiob*-Dichtung[6] fanden.

In Gegensatz zu den Briefen an Caesar und Hanna Steinhof spielt Jüdisches im Briefwechsel mit Otti und Paul Binswanger so gut wie keine Rolle. Dieser Briefwechsel lebte vielmehr, wie die nachfolgende kommentierende Edition dokumentiert, aus der gemeinsamen Vergangenheit und geistigen Herkunft und ist vor allem auf die Gegenwart und deren Bewältigung gerichtet. Diese Briefe zwischen einstigen, eher peripheren Bekannten bezeugen eine Wiederbegegnung, die sich im Exil zu neuer Nähe und Freundschaft entwickelt, obgleich man voneinander über 1000 km getrennt – in Christchurch auf der Südinsel und in Auckland auf der Nordinsel – lebte und sich nur wenige Male persönlich begegnete.

---

4 *Br II*, 341.

5 *1933. A Poem Sequence. In German and English.* New York: Schocken 1947 und *GW I*, S. 127–172.

6 *Hiob oder Die Vier Spiegel.* Hamburg: Claassen 1950 und *GW I*, S. 203–215.

Wege ins Exil

Karl Wolfskehls Bekanntschaft mit den Binswangers reicht zurück in die 1920er Jahre. Er lernte Paul Binswanger und Otti Lilienthal zu unterschiedlichen Zeiten und einer jeweils ganz anderen Umgebung kennen, noch bevor sich beide selbst begegnet waren. – Paul Binswanger (1896–1961) stammte aus Frankfurt am Main und war jüdischer Herkunft. Er entwickelte jedoch „keine eigenen bewussten Beziehungen zum Judentum". Er hatte früh die jüdische Glaubensgemeinschaft verlassen und war als Erwachsener 1932 zur protestantischen Konfession konvertiert.[7] Wann sich Paul Binswanger und Karl Wolfskehl das erste Mal begegneten, lässt sich nicht mehr mit Bestimmtheit feststellen. Es war wohl in München, wo Paul Binswanger zwischen 1916 und 1919 zunächst Medizin und dann 1920–1923 Romanistik (bei Karl Vossler und Eugen Lerch), Philosophie und Geschichte studierte und dort wenigstens zeitweise Kontakt zu dem Kreis um Wolfskehl hatte. 1929 promovierte er bei Ernst Robert Curtius in Heidelberg.[8] In ihrem bislang unveröffentlichten Essay *Begegnung mit Karl Wolfskehl in Neuseeland*[9] schreibt Otti Binswanger, dass Paul als junger Mensch bei einer Lesung von Stefan Georges Dante-Übertragungen das Sakrileg beging, den Raum vorzeitig zu verlassen, weil ihn das Pathos der Rezitation abstieß. Er sei „daraufhin von Karl Wolfskehl und dessen Frau Hanna mit Bann belegt worden".[10] Dies deutet auf ein Geschehen aus einer Zeit vor 1919, als die Wolfskehls noch einen vielbesuchten Salon in Schwabing unterhielten. Wolfskehl selbst datiert das Zerwürfnis auf eine spätere Zeit, denn in einem undatierten, vermutlich aus dem Jahre 1945 stammenden Brief an Hanna, in dem er ihr über seine erneuerte Bekanntschaft mit den Binswangers in Neuseeland schrieb, berichtet er ihr, dass er bei seinem Besuch in Christchurch 1941 „dem ja sehr berechtigt gewesenen Spannungszustand ein Ende gemacht *[habe]*, nachdem er zwölf Jahre gedauert hatte und sich ja auch nur auf ihn bezog."[11] Dies weist die Entfremdung in die Zeit um 1929, als sich Paul

---

7 Diese Angaben nach einem Brief Otti Binswangers vom 1.4.1969 (zitiert in: *Lexikon deutsch-jüdischer Autoren*. Bd. 2, München: Saur 1993, S. 473.

8 Vgl. Paul Binswangers akademischen *Lebenslauf*, in: Isolde Burr / Hans Rothe, „Erich Auerbach: Briefe an Paul Binswanger und Fritz Schalk. Teil I (1930–1937)" in: *Romanistisches Jahrbuch*, Bd. 60, 2009, S. 154, Anm. 23.

9 *Begegnung mit Karl Wolfskehl in Neuseeland* (20 Seiten; FA Halle), S. 2; sie schreibt dort weiter: „Als ich Jahre später auf Wolfskehls Besitz im Kaiserstuhl weilte, verlangte man von mir, den Namen Binswanger nicht zu erwähnen. Ein schwieriges Ansinnen, da ich im Begriff war, diesen Ketzer zu ehelichen" (ebd.).

10 Ebd.

11 Karl Wolfskehl an Hanna Wolfskehl o. D. [ca. 1945], DLA.

Binswanger und Otti Lilienthal, die sich 1927 kennengelernt und 1931 geheiratet hatten, bereits nahe standen. Möglicherweise beziehen sich aber Karl Wolfskehl und Otti Binswanger auf verschiedene Ereignisse. – Otti Lilienthal (1896–1971) wuchs als jüngste der fünf Töchter des Flugpioniers und Sozialreformers Gustav Lilienthal in Berlin auf. Ihre ungewöhnliche Jugend und schließliche Ausbildung zur Gymnastiklehrerin hat sie eingehend in ihrer Autobiographie Der *Albatros*[12] beschrieben, ebenso wie ihre erste Begegnung mit Wolfskehl 1920 in der Reformsiedlung Frankenfeld bei Darmstadt. Als Wolfskehl dort die mit ihm befreundete Gründerin der Siedlung Marie Buchhold (1890–1983)[13] besuchte, wurde er Otti Lilienthal als berühmter Dichter und Freund Stefan Georges vorgestellt, von dem sie selbst damals jedoch nichts wusste. Während eines kurzen persönlichen Austauschs verstanden sich beide; sie war beeindruckt von dem „künstlerischen Menschen, der frei und schöpferisch die Welt aufnahm" und Wolfskehl von der Schönheit und Vitalität der jungen Frau. Ein damals wenig verbindliches ‚Auf Wiedersehen!' verwirklichte sich einige Jahre später, als sich Otti Lilienthal mit einer Freundin für einige Tage auf Wolfskehls Besitz in Kiechlinsbergen aufhielt. Damals war sie bereits mit Paul Binswanger verlobt, durfte diesen jedoch wegen des bereits anführten Zerwürfnisses nicht erwähnen. Danach brach der persönliche Kontakt zunächst ab.

Karl Wolfskehl wie Paul und Otti Binswanger verließen bereits 1933 Deutschland in dem Wissen, dass es für sie dort keine lebenswerte Zukunft mehr gab, solange Hitler und seine Partei an der Macht waren. Wolfskehl floh am Morgen nach dem Reichstagsbrand am 28. Februar in die Schweiz, wo er sich bis zum Jahresende aufhielt, ehe er Ende 1933 nach Italien ging. Nach Aufenthalten in Rom und Florenz bezog er 1935 in dem Fischerdorf Recco, nicht weit von Genua, eine Gartenvilla, in der er mit Margot Ruben, die seit November 1934 sein Leben zunächst als Sekretärin, doch bereits bald als neue Lebensgefährtin teilte, relativ abgeschieden lebte. Rom und Florenz, wo Wolfskehl viele Bekannte hatte, waren ihm zu unruhig geworden. Als er spürte, wie der Antisemitismus auch in Italien immer aggressivere Formen annahm, entschlossen er und Margot Ruben sich, das Land zu verlassen. Ihre Wahl fiel, nachdem sie einige andere Exilsziele erwogen

12 Otti Binswanger-Lilienthal, *Der Albatros. Ein Weg durch die Zeit.* Berlin: Metropol 2011, S. 84 (im Folgenden: *Albatros*).

13 Zu Marie Buchhold vgl. Wörner-Heil, Ortrud, *Von der Utopie zur Sozialreform. Jugendsiedlung Frankenfeld im Hessischen Ried und Frauensiedlung Schwarze Erde in der Rhön 1915 bis 1933.* Quellen und Forschungen zur hessischen Geschichte 104. Selbstverlag der Hessischen Historischen Kommission Darmstadt und der Historischen Kommission für Hessen, Darmstadt und Marburg 1996.

hatten, auf das europafernste Neuseeland, wohin sie im Mai 1938 von Marseille aus aufbrachen und wo sie nach sechswöchiger Seereise Anfang Juli in Auckland mit Touristenvisa ankamen.[14]

Paul und Otti Binswanger emigrierten im Oktober 1933 nach Italien,[15] als es klar wurde, dass eine von ihm angestrebte akademische Karriere auf Grund seiner jüdischen Herkunft aussichtslos geworden war. Um sich einen Lebensunterhalt zu sichern, mieteten sie zunächst in Rapallo eine Villa, in der sie zahlende Gäste aufnehmen konnten. Während vor allem Otti Binswanger sich um die Betreuung der Gäste kümmerte, konnte Paul so weiter schriftstellerisch arbeiten, nachdem er mit einem Schweizer Verlag eine Humboldt-Biographie[16] vereinbart hatte. Um die Zeit als Wolfskehl sich an die ligurische Küste zurückzog, gingen die Binswangers den umgekehrten Weg. Sie wechselten nach Florenz, wo sie abermals ein größeres Anwesen anmieten konnten, in dem sie nun vor allem jüdische Jugendliche aus Deutschland in ihre Obhut nahmen und deren weitere Ausbildung organisierten.[17] Während Hitlers Staatsbesuch in Italien im Frühjahr 1938 wurde Paul Binswanger als verdächtiger Emigrant für einige Tage inhaftiert und als wenig später Italien ein Gesetz erließ, das alle nach dem Weltkrieg eingewanderten Juden des Landes verwies, waren auch die Binswangers gezwungen, ein neues Exilland zu finden. Da Otti Binswanger in Neuseeland nahe Verwandte hatte, bot es sich an, dort eine Einwanderungsgenehmigung zu beantragen, die man auch dank Garantiebereitschaft der Verwandten rasch erhielt. Selbst für einige ihrer Schützlinge konnten die Binswangers dort Visa erwirken.

In Italien waren sich Wolfskehl und die Binswangers nicht mehr begegnet, obgleich man gemeinsame Bekannte hatte, wie etwa die ehemalige Berliner Ärztin Runhilt von den Steinen, die nach ihrer Emigration 1933 in Florenz die Pension »Alboraia« betrieb, in der Wolfskehl bisweilen Unterkunft fand, wenn er Florenz besuchte. So hatten die Binswangers im Kreis der Emigranten noch vor ihrer eigenen Auswanderung erfahren, dass „Karl Wolfskehl *[...]* tatsächlich nach Neuseeland gegangen ist“, was Otti Binswanger „[s]ehr merkwürdig und ebenso verständlich“[18] fand. Als sie dann selbst dort Mitte März 1939 ankamen und auf

14 Zu Karl Wolfskehls Leben und Schaffen im europäischem Exil vgl. Friedrich Voit, *Karl Wolfskehl. Leben und Werk im Exil*. Göttingen: Wallstein 2005, S. 79–211 (im Folgenden: *Leben und Werk*).

15 Zum Folgenden vgl. *Albatros* S. 95–125.

16 Paul Binswanger, *Wilhelm von Humboldt*. Frauenfeld / Leipzig: Huber 1937.

17 Vgl. hierzu etwa die Erinnerungen von Georges-Arthur Goldschmidt, *Über die Flüsse*. Zürich: Amman 2001, S. 144–157.

18 Otti Binswanger an ihre Schwester Emmi Lilienthal 9.8.38 aus Castiglioncello (FA Halle).

der Südinsel in der Stadt Christchurch ihr neues Zuhause einrichteten, wussten sie zunächst nicht, dass Wolfskehl in Auckland lebte. Zu sehr war man in den ersten Wochen mit dem eigenen Einleben beschäftigt. Die Gelegenheit zu einer Kontaktaufnahme ergab sich erst einige Monate später.

Paul und Otti Binswanger – beeindruckt von der Hilfsbereitschaft, die ihnen die neuseeländischen Verwandten bereits in Briefen vor der Ankunft entgegengebracht hatten – begannen ihr Leben in dem fernen Land hoffnungsfroh und voller Zuversicht, rasch wieder Fuß fassen zu können. Das schien ihnen anfangs auch überraschend leicht zu gelingen.[19] Einen ersten Eindruck von der neuen Umwelt gewannen sie auf dem Lande, wo sie die ersten beiden Monate in der Nähe der Stadt Timaru auf Farmen der Verwandten verbrachten und sich energisch bemühten mit der englischen Sprache vertraut zu werden. So sehr sie das Leben mit den Familien genossen und bei der täglichen Farm- und Hausarbeit mithalfen, so verfolgten sie für ihre eigene Zukunft doch andere Pläne. Sie unternahmen Erkundungsreisen in die Hauptstadt Wellington und nach Christchurch, um Kontakte zu den Hochschulen und Schulen zu knüpfen. Bereits im Mai 1939 erwarben sie in Christchurch ein größeres Haus mit sieben Zimmern in der Office Road 25, wo sie – wie zuvor in Italien – wieder Untermieter und Kostgänger aufzunehmen planten, um sich ein laufendes Einkommen zu sichern. Zugleich jedoch suchten sie gezielt nach Möglichkeiten, in ihre beruflichen Karrieren als Lehrer und Gelehrter beziehungsweise als Gymnastikpädagogin zurückzufinden. Paul Binswanger wurde schon bald zu Vorträgen eingeladen und begann privat zuhause Deutsch und Französisch zu unterrichten. Sogar Aussichten auf eine Dozentur für deutsche Sprache und Literatur an der Universität Christchurch öffneten sich. Ebenso fand Otti Binswanger über Anzeigen erste Privatschüler für Gymnastikstunden, die sie bei sich im Haus abhielt. Später gab sie dann auch an Schulen und in Krankenanstalten Gymnastikunterricht. Zu Recht waren beide stolz darauf, wie zügig es ihnen mit bewundernswerter Energie und Aufgeschlossenheit gelang, nach nur wenigen Monaten sich eine neue Existenzgrundlage zu schaffen. „Das Rad", so schreibt Otti Binswanger Ende Juni an ihre in Deutschland gebliebenen Geschwister, „dreht sich ganz gut, wir sind jetzt 5 Wochen hier und haben eine breite Basis gelegt auf der es wächst. *[...]* Wir sind hier nun völlig akklimatisiert und fühlen uns wirklich zuhause in Christchurch, der große Kummer des ‚so far away' ist

---

19 Zum Folgenden vgl. das eingehende Nachwort von Livia Käthe Wittmann (*Albatros*, besonders S. 224–265) und meinen Aufsatz „Briefe von den Antipoden. Zu den Exilbriefen Otti Binswangers der Jahre 1938–1948)", in: Inge Hansen-Schaberg u.a. (Hgg.), *Auf unsicherem Terrain. Briefeschreiben im Exil.* München: edition text + kritik 2013, S. 121–134 (im Folgenden: *Briefe*).

langsam von uns gewichen und darauf können wir wirklich hier etwas leisten. Man muss die Stelle lieben, wo man lebt sonst geht es nicht.[20] Alles schien sich Bestens anzulassen: bereits im August hatten sie drei Mieter (z. T. mit Verpflegung),[21] unterrichtete Paul Binswanger privat zwölf Sprachschüler und fand Otti sogar Zeit, in ihrem neu eingerichtete Modellieratelier eine erste Tonskulptur zu schaffen, wie sie stolz nach Deutschland berichtete.[22]

Über neue Bekanntschaften, besonders an der Hochschule und durch ihre Mitarbeit im lokalen Flüchtlingskomitee, in dem auch Karl Popper mitwirkte, der damals seit 1937 als Philosophiedozent in Christchurch lehrte, fanden die Binswangers bereits nach kurzer Zeit vielfältigen Anschluss an das gesellschaftliche und intellektuelle Leben der Stadt, das sie sogar als „viel freieren und angeregteren Verkehr als jemals in Italien"[23] empfanden. Nur gelegentlich erscheinen in den Briefe auch erste kritische Bemerkungen, etwa wenn sich Otti Binswanger an der den Frauen zugewiesenen Rolle der insgesamt doch eher kleinbürgerlichen Kolonialkultur stößt: den immer sofort servierten ‚cups of tea', der oft mühseligen Hausarbeit oder den ‚parties' bei denen Männer und Frauen getrennt voneinander blieben. Die Schilderungen des so Vieles versprechenden Neuanfangs und der positiven Eindrücke überwiegen in den ersten Monaten. Das hatte auch einen taktischen Grund, denn sie sollten der vierköpfigen Familie von Ottis Schwester Olga Halle und Pauls Mutter Mut machen zu deren energisch betriebener Emigration nach Neuseeland, die schließlich in beiden Fällen durch den Ausbruch des Krieges im September 1939 scheiterte.

Der Kriegsbeginn brachte für die Binswangers auch weit weg vom eigentlichen kriegerischen Geschehen eine gravierende Zäsur. Nachdem Neuseeland an der Seite Englands Deutschland ebenfalls den Krieg erklärt hatte, wurden die Binswangers – wie alle Flüchtlinge aus Deutschland – registriert und als Enemy Aliens klassifiziert. Ihre Post unterlag der Zensur und sie standen von nun an bis zum Kriegsende unter einer regelmäßigen Polizeiüberwachung. Die damals angelegten Akten geben heute wertvolle Einblicke in ihre Lebensumstände. Die erhoffte Anstellung als Dozent für deutsche Sprache und Literatur kam jetzt nicht mehr in

20 An die Geschwister 29.6.1939 (FA Halle).

21 Einer ihrer Mieter war der 18jährige Max Friedberg, der mit seinen drei Geschwistern bereits in Florenz bei den Binswangers gelebt hatte. Mit Hilfe der Binswangers war es gelungen die vier Jugendlichen nach Neuseeland zu bringen, wo die Schwestern als Hausgehilfen Arbeit fanden, der jüngste Bruder seine Schulbildung weiterführen und Max eine Ausbildung als Schreiner beginnen konnte.

22 An die Schwester Olga [August 1939] (FA Halle).

23 Otti Binswanger an die Schwiegermutter 30.6.1939 (FA Halle).

Frage. Der private deutsche Sprachunterricht machte Paul Binswanger nun sogar geradezu verdächtig. Zwar erlaubte man ihm, diesen Unterricht weiterzuführen, da man ihm diese Einnahmequelle nicht nehmen wollte, doch musste er bald jeden Schüler bei der Polizei melden, was er und seine Schüler als kränkende Kontrolle empfanden, gegen die Binswanger wie seine Schüler sich immer wieder wehrten. Bei den Behörden erwarb er sich durch seine Eingaben so bald den Ruf eines unbequemen Querulanten, eines „somewhat arrogant type, talkative and intellectually conceited".[24] Diese für das damalige Neuseeland durchaus typische antiintellektuelle Haltung der überwachenden Behörde sollte den Binswangers bis nach dem Krieg zu schaffen machen.

Die Beschränkungen der Kriegsjahre, immer begleitet von den bedrängenden Gedanken an die in Europa zurückgebliebenen Geschwister, erlaubten dennoch den Binswangers, sich im Leben ihrer Umwelt zu integrieren und aktiven Anteil zu nehmen. Sie hatten Kontakte zu einigen Familien von Mitflüchtlingen, die sie noch von Italien her kannten und die es ebenfalls nach Neuseeland verschlagen hatte, wie die Familien Münz (Munz) und Christeller, aber bedeutsamer wurde ihre Hinwendung zu neuen neuseeländischen Bekanntschaften. Es war gerade ihre unangelsächsische Haltung und ihre europäische Intellektualität, die den Behörden eher suspekt erschien, die ihnen den Weg in die damals höchst lebendige kulturelle und akademische Szene Christchurchs bahnte. Freundschaftliche Beziehungen entstanden zu Dozenten der Hochschule, ebenso wie zur jungen künstlerischen und literarischen Avantgarde, die heute in Malerei, Musik und Literatur als Wegbereiter der Moderne in Neuseeland gilt. Manche dieser Künstler empfanden sich selbst als Outsiders in ihrem damals eher kleinbürgerlich geprägten Land, denen die Chance des Austauschs mit den Flüchtlingen aus Europa eine willkommene Bereicherung brachte. Livia Käthe Wittmann gibt in ihrem Essay „Living Without Regrets"[25] ein lebendiges Bild der Interaktion der Biswangers in der künstlerisch-intellektuellen Szene Christchurchs. Zu ihrem Bekanntenkreis gehörten neben Hochschullehrern die Literaten, die sich um die von Denis Glover und Leo Bensemann gegründete Caxton Press scharten. Der Dichter Allen Curnow nahm Deutschstunden bei Paul Binswanger und dessen Frau Betty zusammen mit ihrer Freundin, der Malerin Rita Angus, Gymnastikstunden bei Otti. Die Binswangers pflegten ein offenes gastfreundliches Haus. Es war, wie Betty Curnow

---

24 NZ Archives J. 1941/50/594 Report of Aliens Authority vom 28.2.1941.

25 In: Otti Binswanger, *"And How Do You Like This Country?" Stories of New Zealand.* Ed. by Friedrich Voit and with an Essay by Livia Käthe Wittmann. Frankfurt: Peter Lang 2010, S. 77–118 [= Germanica Pacifica. Ed. by James N. Bade, Vol 5].

in ihrem Tagebuch bemerkte, „a tonic to spend an evening with them“[26] und man schätzte die ungezwungene Atmosphäre ihrer Parties. Wie sehr die Binswangers dazu gehörten, drückt sich nicht zuletzt in der Einladung zur Kunstausstellung „The Group 1945“ aus, in der Otti Binswanger vier ihrer Tonskulpturen ausstellte, und der Veröffentlichung im gleichen Jahr ihrer auf Englisch geschriebenen Kurzgeschichten *„And How Do You Like This Country?“ Stories of New Zealand* aus. Obgleich ‚Enemy Aliens‘ gelang es den Binswangers während des Krieges wechselseitig anregende Beziehungen aufzubauen und zu entfalten. Ihr Eigenes bewahrend schien es, dass sie sich durchaus zukunftsgerichtet in der neuen neuseeländischen Umwelt einlebten.

Karl Wolfskehl lebte seit Anfang Juli 1938 in Auckland.[27] Er war mit einem Rückreiseticket und Touristenvisum gekommen, das ihm einen Aufenthalt bis Dezember erlaubte. Alle seiner Pläne hinsichtlich einer Weiterreise wurden durchkreuzt, als ihm durch die italienische Gesetzgebung, die erst jüngst eingewanderten Juden den Aufenthalt in Italien verbot, eine Rückkehr nach Europa unmöglich machte. Als der Versuch fehlschlug, ein Visum für Australien zu erhalten, wo ihn der einwöchige Aufenthalt in Sydney auf der Hinreise beeindruckt und er einige hilfreiche Bekanntschaften gemacht hatte, bewarb er sich um eine Daueraufenthaltsgenehmigung in Neuseeland, die ihm schließlich im Januar gewährt wurde dank der Unterstützung des engagierten jüdischen Rechtsanwaltes Louis Philipps und zweier neuer nicht-jüdischer Bekannter – des Englischprofessors Arthur Sewell und des Arztes Douglas Robb –, die sich als Bürgen ihm und der Lebensgefährtin Margot Ruben zur Verfügung stellten. Der 69jährige Wolfskehl sah in Neuseeland ein Exil, in das ihn die sich über Europa ausbreitende antijüdische Verfolgung getrieben hatte, und ein Asyl, das ihm Ruhe und Schutz gewähren sollte. Sein Auskommen sicherte eine schmale Leibrente, die ihm der nach Palästina emigrierte Verleger Salman Schocken zahlte, dem Wolfskehl vor der Abreise seine Bibliothek verkauft hatte. Im September 1938 bezogen er und Margot Ruben eine kleine Drei-Zimmer-Wohnung im Stadtteil Mount Eden, in der sie die nächsten dreieinhalb Jahre lebten.

Wolfskehl fand rasch neue Bekannte unter Mitflüchtlingen und über die Auckländer jüdische Gemeinde. Doch anders als die Binswangers suchte er keine Hilfe für einen Neuanfang, sondern nach ihm gemäßer Gesellschaft. Da er als Dichter und noch mehr sein Werk so gut wie unbekannt waren, fand sich trotz Wolfskehls Aufgeschlossenheit für Menschen, denen er begegnete, nur allmählich ein

---

26 Ebd. S. 84.

27 Zum Folgenden vgl. *Leben und Werk*, besonders S. 223 ff.

neuer Kreis von Bekannten und Freunden. Seine anfänglichen vor allem durch die anregende Woche in Sydney hoffnungsvollen Erwartungen, machten bereits bald einer Ernüchterung Platz, dem Gefühl geistiger Enge und Desinteresse an seiner Persönlichkeit. Die viel jüngere Margot Ruben freilich bemühte sich und fand Möglichkeiten für eigene Tätigkeit: sie begann Deutsch und Französisch, später auch Latein zu unterrichten und hielt bei verschiedenen Gruppen Vorträge zu Literatur und Geschichte. Beide wahrten zudem eine gewisse Zurückgezogenheit, die Wolfskehl Zeit und Muße gab für den neuen Schub dichterischen Schaffens, das mit der Abkehr von Europa und der Ankunft im Exil einsetzte und zahlreiche Gedichte zeitigte, sowie für die extensive Korrespondenz mit den über die ganze Welt verstreuten Freunden.

„Einsam, meidend, gemieden",[28] wie es in einem Spruch damals heißt, setzte bei Wolfskehl jene – eingangs erwähnte – Selbststilisierung als moderner Hiob und als exemplarischer exul poeta seiner Zeit ein, die das in Neuseeland entstandene Spätwerk, das er als Krönung seines Schaffens sah, und seine Korrespondenz aus dem Exil prägen sollte.

Wolfskehls Annäherung an die neue Lebensumwelt vollzog sich langsamer als die der Binswangers, doch nach einiger und für einige Zeit stand auch er in wechselseitig anregendem Austausch mit Schriftstellern, Intellektuellen und Künstlern in Auckland. Er befreundete sich mit dem Erzähler Frank Sargeson, den Dichtern R. A. K. Mason und Rex Fairburn, um nur die bekanntesten zu nennen. Die meist viel Jüngeren besuchten ihn, lasen ihm vor und machten ihn so mit der modernen anglo-amerikanischen Literatur, vor allem der Dichtung bekannt. Man nahm ihn als Dichter und Denker wahr, der im Umgang und Gespräch beeindruckte, als Repräsentant europäischer Literatur, der mit Rilke, George, Hofmannsthal, Kafka und Thomas Mann persönlichen Umgang hatte, deren Namen und manches von ihnen in Übersetzung man kannte. Erst als Wolfskehls Lebensumstände immer prekärer wurden und seine Gesundheit nachließ, lockerten sich dieser Umgang wieder. Darauf wird im begleitenden Kommentar zu den Briefen im Folgenden zurückzukommen sein.

Zur Überlieferung und zum Textkorpus der Korrespondenz

Der Briefwechsel zwischen Karl Wolfskehl und den Binswangers, der im September 1939 einsetzt und nach der Abreise von Otti und Paul Binswangers von Neuseeland wenige Wochen vor Wolfskehls Tod am 30. Juni 1948 endet, ist nicht

28 *Leben und Werk*, S. 250.

vollständig überliefert. In Wolfskehls Marbacher Nachlass[29] werden insgesamt 37 kürzere und längere Schreiben (25 von Wolfskehl und 12 der Binswangers) aufbewahrt, von denen insgesamt bislang lediglich vier veröffentlicht sind.[30] Margot Ruben archivierte neben Originalbriefen der Korrespondenten von vielen maschinenschriftlichen Briefen Wolfskehls Kopien auf. Sie hatte die handschriftlichen Schreiben Wolfskehls wohl von Otti Binswanger erhalten, als sie eine von ihr geplante zweite Briefauswahl vorbereitete.

Übersieht man die Korrespondenz, so fällt auf, dass die Binswangers mit dem Aufbewahren der Briefe Wolfskehls sorgfältiger verfuhren als Wolfskehl und Margot Ruben mit Schreiben der Binswangers. Bis Juli 1944 blieben keine der Karten oder Briefe von Otti und Paul Binswanger erhalten, aber auch einige der Schreiben Wolfskehls, auf die in erhaltenen Briefen Bezug genommen wird, sind offenbar verloren gegangen. Es lässt sich erschließen, dass etwa ein Drittel der Korrespondenz als Verlust zu gelten hat.

Die Briefe sind teils handschriftlich – und das bedeutet im Falle von Wolfskehls notorisch schwierig lesbarer Handschrift, dass sie bisweilen nur mit Mühe oder bei einzelnen Worten gar nicht entzifferbar sind, teils mit Maschine verfasst. Besonders während der Kriegsjahre, als jede Post der Zensur unterlag, bediente sich Wolfskehl und wohl auch die Binswangers der englischen Sprache, obwohl der Zensor auch deutsch geschriebene Briefe durchließ, sofern man sie lesen konnte. Es verletzte den stark sehbehinderten Wolfskehl immer sehr, wenn einer seiner mit großer Mühe handschriftlich verfassten Briefe vom Zensor an ihn zurückgeschickt wurden.

Als Wolfskehl und die Binswangers im September 1939 wieder in brieflichen Kontakt kamen – sie lebten damals auf der Südinsel in der Universitätsstadt Christchurch und er im etwa 1000km entfernten Auckland auf der Nordinsel Neuseeland –, ließ man die Korrespondenz nicht mehr abbrechen. Dreimal jedoch entstanden längere Pausen, so zwischen März und Dezember 1942, dann zwischen September 1943 und Juli 1944 und noch einmal zwischen Oktober 1944 bis Februar 1946. Diese Pausen erklären sich meist aus den durch Wohnungswechsel und wiederholten Erkrankungen immer schwieriger werdenden Lebensumständen Wolfskehls. Auf Seiten der Binswangers wurde die Korrespondenz fast ausschließlich von Otti Binswanger geführt; Paul Binswanger beließ es bei gelegentlichen kurzen Schreiben oder angefügten Grüßen.

Dem Briefwechsel lässt sich auch der Wandel in der Beziehung zwischen den Briefschreibern ablesen. In den ersten Briefen spricht Wolfskehl die Adressatin immer mit dem Nachnamen an, Paul Binswanger auf Englisch als »Dear friend«

---

29 Signaturen: NZ 71.1; 71.463/1-14; 71.464/1-10; 72.227.

30 *Br I*, Nr. 97 (= *Br II*, Nr. 246) und *Br II*, Nr. 245–248.

oder beide als »Dear friends«. Nach der persönlichen Wiederbegegnung und dem dreiwöchigen Aufenthalt bei den Binswangers im Februar 1941 wechselt man zur freundschaftlichen Anrede mit den Vornamen, doch bleibt es beim Sie, das den Generationsabstand und die bewundernde Achtung der Binswangers gegenüber dem Dichter wahrte. Die wachsende persönliche Nähe zu Otti Binswanger brachte nach einem mehrtägigen Besuch in Auckland im Februar 1947 zwischen ihr und Wolfskehl den Übergang zum Du, in dem wohl auch Wolfskehls Anerkennung ihres neuen künstlerischen und schriftstellerischen Schaffens mitschwang. Mit Paul Binswanger dagegen scheint er das Du nicht mehr ausgetauscht zu haben, der Schatten der Vergangenheit scheint hier auf beiden Seiten nie ganz überwunden worden zu sein.

Die hier wiedergegeben Briefe sind mit einem kursiv gedruckten Kommentar begleitet, der das Sachliche erläutert und sie in den Kontext der Lebensumstände stellt. Da vor allem bei den handschriftlichen Briefen Wolfskehls der Text nicht immer eindeutig lesbar ist, werden unsichere Lesarten in spitze Klammern gesetzt < > und so auch unentzifferbare Lücken angezeigt mit Angabe der Zahl der ausgelassenen Wort/Zeichen, e.g. <2W>. Ergänzungen des Herausgebers sind in eckige Klammern [] gesetzt. – Für Hilfe beim Entziffern der Handschrift Wolfskehls danke ich Frau Birgit Wägenbaur (Stefan George Archiv, Stuttgart), Herrn Bruno Pieger und der Familie Köllhofer in Kiechlinsbergen.

Die Rechtschreibung ist vorsichtig der neuen angepasst, da sie bisweilen vor den zur Verfügung stehenden Schreibmaschinen abhing, und offensichtliche Schreibversehen sind stillschweigend korrigiert. Stilistische und orthographische Eigenheiten bleiben gewahrt.

Der Briefwechsel

Den Briefwechsel eröffnete Karl Wolfskehl als Erwiderung auf freundliche Worte, die Otti Binswanger über ihn in einem Brief an eine gemeinsame Bekannte in Auckland geäußert hatte. Diese Bekannte war die Psychoanalytikerin Grete Christeller (1895–1964). Nach dem Tode ihres Mannes, des Histologen Prof. Dr. Erwin Christeller (gest. 1928), hatte sie sich Anfang der 30er Jahre bei C. G. Jung in der Schweiz ausbilden lassen und war dann auf Grund ihrer jüdischen Herkunft mit ihren beiden Kindern Gert (1922–2001) und Eva (1925–2004) nach Italien und dann nach Neuseeland emigriert. Die Ankunft in Auckland im Februar 1939 war Wolfskehl bereits einige Wochen zuvor von Stefan Vallentin angekündigt worden,[1] *mit der Bitte seinen Freund, den 16jährigen Gert zu empfangen. Es kam dann auch zu Begegnungen, bei denen Wolfskehl mit dem jungen Flüchtling deutsche Dichtungen las.*[2]

Grete Christeller hatte die Binswangers wohl in Italien kennengelernt und scheint sich bei ihnen nach den Möglichkeiten eines Wechsels nach Christchurch erkundigt zu haben, wohin sie wenig später umzog. Sie lebte dort mit ihrer Familie und konnte auch als Psychotherapeutin praktizieren.[3] *Ein loser Kontakt mit Wolfskehl blieb bestehen und Eva besuchte ihn in Auckland, kurz bevor sie Neuseeland 1947 zur ihrer weiteren Ausbildung als Geigerin verließ.*[4]

Wolfskehl bediente sich, als nach Kriegsbeginn alle seine Post der Zensur unterlag, besonders dann der englischen Sprache, wenn er hoffte, so vermeiden zu

---

1 Stefan Vallentin an Wolfskehl 18.1.1939 (DLA); der Brief ist drei Tage vor Vallentins Suizid im Lago Maggiore geschrieben. Über Gert Christeller erhielt Karl Wolfskehl auch letzte Gedichte von Stefan Vallentin (vgl. *Br II*, S. 1077f.). Zu Stefan Vallentin vgl. Carola Groppe, *Die Macht der Bildung*. Köln 1997, S. 662.

2 Vgl. Wolfskehl an Wolfgang Jablonski 4.6.39 (DLA) und das Gedicht „Für Gert mit »Deutsche Dichtung III«“ (*GW I*, S. 267f.)

3 So behandelte sie auch die neuseeländische Schriftstellerin Janet Frame (vgl. Michael King, *Wrestling with the Angel. A Life of Janet Frame*. Auckland 2000, S. 86ff.).

4 Vgl. S. 81 und Wolfskehl an Guggenheim 11.6.1947 (Br II, S. 650). – Eva Christeller fertigte eine Zeichnung von Karl Wolfskehl (abgebildet in: Paul Hoffmann, *Karl Wolfskehl. Tübinger Symposion zum 50. Todestag*. Tübingen 1999, S. [2]; sie ist aber wohl nicht 1939 – wie dort angegeben, sondern erst später 1941 oder 1947) entstanden).

können, dass seine mit der Hand deutsch geschriebenen und auf Grund seiner Sehschwäche immer nur schwer lesbaren Briefe vom Zensor zurückgewiesen wurden, was immer wieder vorkam.

Um einen Eindruck von Wolfskehls Handschrift zu geben, ist dieser erste Brief Wolfskehls an die Binswangers hier im Faksimile zusammen mit der Transkription wiedergegeben.

whereby we gave a certain conception of the scenery in that country and wonderful islands, especially on its west coast. Always living my very retired life here in a little garden-flat, I feel thankfully the healing power of [illegible] human atmosphere every [illegible] of the [illegible].

With my best and sincere wishes and regards for you and Mr Binswanger

Yours faithfully

Karl Wolfskehl

Auckland
45 Esplanade Rd

Sept. 20. *[1939]*[5]

Dear Mrs Binswanger, It was with high pleasure that I heard from your kind words about myself in your letter to Mrs Christeller. So many <good memorys> were reviving and I would like to <express> all the <memories>

5 Hschr. Brief KW an OB 20.9.39; DLA 71.463/2. Die Jahresangabe ist erschlossen.

in a long letter. I must <resign> for this time and <I> write to <say> only that I am very satisfied to <know> you and Mr Binswanger well <installed> and <content> in that wonderful country. I have not yet been on the South Island <but on plenty of volcanoes[6] and> <5W> of the scenery in that <rocky and mountainous> Island, specially on its west coast. I also living my very retired life here in a little garden-flat,[7] I feel thankfully the healing <power> of a <good> understanding human atmosphere even as <those> of the oceanic clima[te].
With my best and sincere wishes and regards for you and Mr Binswanger.
Yours faithfully,
Karl Wolfskehl

Der Brief war drei Tage nach Wolfskehls 70. Geburtstag geschrieben, den er bei der befreundeten Familie Blumenfeld[8] feierte und zu dem ihn Geburtstagswünsche u.a. von Margarete Susman, Paul Klee und Martin Buber erreichten.

Man kann diesem, wie auch den folgenden Briefen ansehen, wie schwer es Wolfskehl anfangs fiel, sich auf Englisch auszudrücken. Er, der – mit kompetenter Hilfe – Bertrand Russels Essaysammlung Wissen und Wahn *1930 ins Deutsche übersetzt hatte, verfügte damals jedoch nur, wie er sich selbst eingestand, über eine kaum über das Schulniveau hinausreichende Kompetenz in der Sprache, die kaum zum* „einfachsten Mund- und Schreibumgang“[9] *ausreichte. Das sollte sich erst im Laufe der kommende Jahre bessern, ohne dass es ihm jedoch gelang, die englische Sprache in Grammatik und Ausdrucksweise je wirklich zu beherrschen.*

Wolfskehls Brief drückt seine Freude über die Kontaktaufnahme aus, die bei ihm Erinnerungen an frühere gute Begegnungen wach rief. Er beglückwünscht die Binswangers zu ihrem gelungenen Einleben und lässt sie wissen, dass auch ihm die menschliche wie natürliche Umgebung in Auckland auf der Nordinsel für sein bewusst zurückgezogenes Leben zusagt. Dabei erstaunt es, wie sehr den fast Blinden besonders die Naturschönheiten des Landes beeindruckten, die er kaum

6 Die Stadt Auckland ist auf zahlreichen Vulkanen gebaut, von denen die größten das Landschaftsbild prägen.

7 Diese beschrieb er nur wenige Tage vorher in einem Brief an die Freundin Lore Schulz in Rom vom 12.8.1939: „Ich wohne still in einem Gartenhäuschen, das Klima (etwa dem römischen ähnlich, nur mehr Regen und natürlich ozeanisch stürmend) sagt mir durchaus zu, alles sonstig Äußere ebenfalls. Menschen kenn ich nicht viele, wenige Engländer, wenige der hier angesiedelten deutschen Auswanderer, kaum einen natürlich, mit dem ich mich innerhalb meines Wesens – oder auch nur Interessenkreises finde.“ (*Br I*, S. 49).

8 Zu diesen Freunden vgl. *Leben und Werk*, S. 267.

9 Wolfskehl an K. Singer 15.5.39, *Br II*, S. 326.

sehen konnte oder wie die der Südinsel noch nicht kannte, doch lebhaft imaginierte. Immer wieder finden sich in seinen Briefen solche knappen, dabei durchaus treffenden Beschreibungen von Natur- und Landschaftseindrücken. Freilich eine so positive, ja fast überschwängliche Bezeichnung für Neuseeland als „wonderful country" *erlaubt sich Wolfskehl nur sehr selten und so gut wie nie in Briefen nach Übersee; dort wird es vielmehr, wie es bereits in einem Gedicht aus dem Jahre 1939 heißt, als ›Erdballs letztes Inselriff‹, als europaferner Ort der Verbannung und des Exils den Briefempfängern vor Augen gestellt.*

Otti Binswanger antwortete wohl umgehend und es wurden rasch Briefe gewechselt, in denen man sich über das gegenseitige Ergehen austauschte Doch sind diese verloren gegangen, wie aus dem nächsten erhaltene Brief Wolfskehls vom 21. Januar 1940 hervorgeht. In diesem nämlich geht es bereits um eine Einladung, die Binswangers in Christchurch zu besuchen, was Wolfskehl schon für den kommenden Monat – also noch während des neuseeländischen Sommers – in Aussicht nahm. Umstände waren dazu jedoch noch zu berücksichtigen.

Wolfskehl schrieb seinen Brief während eines Erholungsaufenthaltes auf der Farm eines aus Polen stammenden deutschsprachigen Juden, der nach einigen Jahren in Palästina 1930 nach Neuseeland ausgewandert war und auf dem Land nahe Auckland eine Milchfarm betrieb, auf der Wolfskehl bereits im Jahr zuvor einige Zeit verbracht hatte.

Auckland, 21.th.I. *[21.1.1940]*[10]
(East <Tamaki> c/o Mr Berman[11]

My address is always:
Auckland
45 Esplanade Rd.

Dear Mrs Binswanger, only few thankful words in replying to your kind letter![12] O yes, I understand so well the circumstances – I wrote about all that one week ago and I hope you did receive that letter.[13] Thus I to-day will express only how <much> your good invitating words <me> have <enjoyed>. I hope so, I shall <arrange> it to come <once>, during the next month in

10 Hschr. Brief KW an OB 21.1.1940 (DLA 71.463/3).

11 *East <Tamaki> c/o Mr Berman*: KW hält sich zwischen dem 22. und 27. Januar auf der Farm von Nachman Berman, East Tamaki auf, während MR am Bethels Beach ist zur Erholung (vgl. KW an MR 22.1.40; 26.1.40; 27.1.40, DLA). – Über seinen Aufenthalt auf der Farm und seine Eindrücke dort schrieb Wolfskehl damals auch eingehender an seinen Schweizer Freund Edgar Salin (*Br I*, 47).

12 nvh.

13 nvh.

your and Mr Binswanger's <hospitel> home. Now I am living in the home of a very cloth*[!]* friend and <nice> man, a cow-farmer, near Auckland, very quietly and quite so as I need it for the <instance>, being a little bit <nervous> and tired – so I hope I will shall be refreshed and strong enough for the trip to Christchurch. Please my thanks and best wishes for Mr. Binswanger likewise and all sincere regards for you faithfully

Yours Karl Wolfskehl

Please compliments and regards for Mrs Münz!

Über Otti Binswanger hatte Wolfskehl erfahren, dass nun auch eine gemeinsame Bekannte aus Florenz, die aus Chemnitz stammende Lotte Münz mit ihren beiden Kindern Peter und Eva,[14] *nach einem Umweg über Palästina gerade in Christchurch angekommen waren und sich dort unterstützt von den Binswangers niederlassen konnten. Wolfskehl hatte diese Familie in Florenz im Kreis um die Baronin Münchhausen kennengelernt. Wie Paul Binswanger so hatte auch die jüdische Familie Münz auf Grund der antijüdischen Gesetze von 1939 Italien verlassen müssen.*

Wolfskehl reizte nicht nur die Reise auf die Südinsel und die Wiederbegegnung mit den Binswangers; von Anfang an plante er auch einen Besuch in Dunedin bei den Steinhofs, mit denen er sich in Auckland befreundet hatte. Caesar Steinhof wurde ihm damals ein Partner langer Gespräche über jüdische Themen. Steinhofs waren wenige Wochen zuvor nach Dunedin gezogen, wo man Caesar Steinhof eine Position als Religionslehrer bei der jüdischen Gemeinde angeboten hatte. Die Aussicht, die „gemeinsamen Denkernächte“[15] *wenigsten für einige Zeit wieder aufnehmen zu können, erfüllte beide mit erwartungsfroher Ungeduld. Es kam jedoch anders. Denn nur wenig später sagte Wolfskehl seinen bereits vorbereiteten Besuch ab, da ihn eine depressive Lethargie befallen hatte, die ihn physisch wie psychisch lähmte und als deren Ursache er nur andeutend seine Exilsituation benannte.*[16]

---

14 Zur Familie Münz, die in Neuseeland den Namen zu Munz abänderte, vgl. Freya Klier, *Promised New Zealand.* Dunedin 2009 (ursprünglich: *Gelobtes Neuseeland.* Berlin 2006). Wolfskehl unterhielt dann auch mit der Familie und besonders dem Sohn Peter, später ein international bekannter Historiker, einen losen Kontakt.

15 An Steinhofs 4.4.40 (DLA).

16 Vgl. etwa an Faber du Faur 8.2.40 (DLA), dem er die Symptome beschreibt und dann bemerkt: „offenbar fällt dem alten Baum das Anwurzeln in fremder Erde doch schwerer als er vermeinte!“ – Ähnlich an Walter und Wolfsgang Jablonski 9.2.40 (*Br II*, S. 347).

Auckland 13.II. *[1940]*[17]
45 Esplanade Rd.

Sehr verehrte Frau Binswanger, Erlauben*[!]* Sie mir heute Deutsch zu schreiben! Mit tut unendlich leid, Ihnen zwecklos Mühe bereitet zu haben und Sie nun durch meine Absage zu enttäuschen. Aber es ging nicht anders! Ich fühle mich schon seit einiger Zeit nicht recht wohl, die Erscheinungen lassen sich nicht genau umschreiben, doch erzeugen sie ein Gefühl der Schwäche und Erschöpftheit das mich sicher zu keinem wünschbaren Hausgast hätte werden lassen. Wenn man in eine <neue> Stadt und zum Wiedersehn guter Freunde als eine Art Halb-Invalide kommt dann glaub ich hat keiner was von solcher Begegnung. Verstehn und entschulden Sie Beide mich also für jetzt.

Ob ich vor Winters Beginn[18] noch zu einer Reise flügge werde? Ich wage nun gar keinen Termin mehr zu setzen.

Nehmen Sie Beide in jedem Falle meinen herzlichsten Dank für Ihre gastfreundliche Bereitschaft und fühlen Sie aus diesen Zeilen heraus wie schwer es mir wird einer Reise zu entsagen auf die ich mich unbeschreiblich gefreut hatte. Der Hoffnung auf ein Wiedersehn in absehbarer Zeit lassen Sie mich aber dennoch weiter zugewandt sein!

Mit meinen aufrichtigsten Grüßen und allen guten Wünschen für Sie und Dr Binswanger bin ich in herzlicher Gesinnung und dankbar

Ihr
Karl Wolfskehl

Abermals ist davon auszugehen, dass einige Briefe zwischen diesem und dem nächsten verloren gegangen sind. Doch zeigen Briefe an Caesar und Hanna Steinhof wie sehr ihn der Aufschub der Reise noch in den anschließenden Monaten beschäftigte. Ihnen schrieb er wenige Wochen später, dass ihn die sich abzeichnende Eroberung Ost- und Westeuropas durch die hitlerdeutschen Armee so sehr belaste, dass er auf die Reise verzichten müsse: „es ist in diesen Wochen der Spannung besser an dem Orte zu bleiben in den man gehört *[...]* wo die Weltgeschichte selbst spricht hat alles Einzelne, alles Private zu verstummen, jede Sehnsucht sich umzustellen *[...]* Dass ich Sie, Euch, nun nicht sah war die bitterste Einbuße.“[19]

Erst einige Monate später, als Otti Binswanger im September ihre Einladung nochmals wiederholte, fühlt er sich wieder stark genug, eine Reise auf die Südinsel zu Anfang des Jahres 1941, also im antipodischen Sommer, wenngleich noch zögernd ins Auge zu fassen.

---

17 Hschr. Brief KW an OB 13.2.1940 (DLA 71.463/4).

18 Also ca. vor Mai/Juni.

19 An Steinhofs 4.4.40 (DLA). – Wie sehr ihn dieses Spannungen erschütterte drückt auch ein Brief an Wolfram von den Steinen 3.4.40 (*Br II*, S. 307ff.) aus.

Auckland, 19. IX *[1940]*[20]
45 Esplanade Rd

Liebe verehrte Frau Binswanger – Sie mis[s]verstehen mein Schweigen gewiß nicht! Ich bin fast ohne Schreibhilfe, die Augen taugen <nimmer> viel und rheumatische Finger machen die ohnehin unleserliche Schrift noch wirrer. So verschob ich von Tag zu Tag die dankende Erwidrung auf Ihr so liebes Winken![21] Auch heut nur mit 2 Worten: Zu dem Wenigen das ich <noch> erhoffe gehört ein Sommerbesuch[22] auf der Süd-Insel. Wie <froh> bin ich zu wissen <daß> Ih in den Ferienmonaten eine Unterkunft bei Ihnen möglich <wird>. Ich hoffe sehr von Ihrem Anerbieten schönsten Genuss zu haben[.] Heute kann ich noch keine Daten geben, wer könnte das, aber so etwas wie der Jahresbeginn schwebt mir vor. Früh genug frag ich dann an, ob Ihr Ruf noch weiterbesteht. Wie freu ich mich auf eine neue Stadt und auf ein Wiedersehn. Da ich dies hinsetze leben viel Erinnerungen auf: wir haben viel zu reden, von gestern und ehgestern, <ihr>auch von Morgen. Darf ich dies noch sagen? Vor 2 Tagen ward Karl Wolfskehl 71! Welch eine patriarchale <Nummer> – wie lange schon, wie lange noch? Und dabei wogts noch bedenklich laut und sogar <brenzlich> im Herzen und des Dichtens ist kein Ende – .
Grüßen Sie bitte Dr. Binswanger vielmals, wie schön wird es sein sich wiederzufinden unter südlichem Kreuz. Meine Wünsche für Sie Beide!

Herzlich und dankbar
Ihr Karl Wolfskehl

Grüßen Sie bitte Frau Christeller und sehr auch die Eva.[23]

Wieder ist davon auszugehen, dass einige Briefe verlorengegangen sind, in denen dann die nötigen Absprachen für die Reise und den Besuch getroffen wurden. In einen undatierten, wohl im Oktober oder November geschriebenen Brief ließ Wolfskehl Hanna Steinhof wissen, dass es ihm besser gehe, er „unberufen wieder *[s]*einem früheren Wesen ähnlicher“ *sei,* „der Geist prüft und hebt wiederum die Schwingen“. *Um diese Zeit entstanden eine Reihe der geschichtsmythischen Vierzeiler, die als „Tabellae“ in den späteren Mittelmeer-Zyklus eingingen und auch das Gedicht „Ultima poetae“ (So einsam, so allein, so ganz verlassen),*[24] *das noch die Verdüsterung der vorangehenden Monate zum Ausdruck bringt.*

20 Hschr. Brief KW an OB 19.9.1940 (DLA 71.463/1).

21 nvh.

22 Die Sommerferienzeit in Neuseeland ist zwischen Weihnachten und Ende Januar.

23 Grete Christeller lebte mit ihren beiden Kindern Gert und Eva inzwischen in Christchurch.

24 *GW I*, S. 181–187 und S. 226.

Im Dezember dann bereitete sich Wolfskehl abermals auf die Südinsel-Reise vor und kündigte Caesar Steinhof an, dass er „sehr sehr gern *[...]* ein paar Wochen lang“ *zu ihnen kommen wolle und er vorhabe,* „Anfang Januar, also recht bald schon die Reise anzutreten“. *Dazu machte er auch Vorschläge, wie er sich den Aufenthalt vorstellte und was von seiner Seite aus dazu zu bedenken sei. Offen war zu diesem Zeitpunkt noch, ob er zuerst sie in Dunedin oder die Binswangers in Christchurch besuchen würde.*[25]

Um den 10. Januar trat Wolfskehl dann die Reise an, die ihn zunächst nach dem über 1400 km entfernten Dunedin brachte. Die Hinreise, die fast zwei Tage dauerte, unternahm der sehr sehbehinderte Wolfskehl ohne die Begleitung von Margot Ruben, „in der Art eines Postpaketes“, *wie er Ernst Gundolf schrieb,*[26] *d.h. man hatte ihn in Auckland zum Nachtexpress gebracht, der ihn nach Wellington brachte, und dort dann Hilfe organisiert, um ihn am Abend auf die Fähre zu bringen, mit der er über Nacht nach Lyttelton, dem Hafen nahe bei Christchurch, segelte, wo ihn die Binswangers erstmals trafen und zum Zug begleiteten, mit dem er dann nach weiteren sieben Stunden Bahnreise nach Dunedin gelangte.*

Bei den Steinhofs erlebte Wolfskehl einen „wonderful concordial and fertile month“.[27] *Er brachte nicht nur die ersehnten langen Gespräche mit Caesar Steinhof, über ihn machte er auch anregende Bekanntschaften mit Dozenten der dortigen Hochschule. Mit dem aus Königsberg stammenden Altphilologen und Philosophen Felix Grayeff (1906–1981),*[28] *der in Dunedin deutsche Sprache und Literatur lehrte, sah er die auf die Reise mitgenommene Ibykus-Übersetzung von Ernst Morwitz durch,*[29] *er hatte Gespräche über Swinburne mit dem Englischprofessor Herbert Ramsay und lernte den ehemals Hamburger Professor und Mediziner Walter Griesbach (1888–1968) kennen,*[30] *der wie Grayeff auf Grund seiner jüdischen Herkunft aus Deutschland emigriert war und in*

---

25 An C. Steinhof 9.12.40 (DLA).

26 An E. Gundolf 15.4.41 (*Br II*, S. 436).

27 An C. und H. Steinhof 17.2.41 (DLA). – Zu Wolfskehls Besuch in Dunedin vgl. Simon Ryan, „‘Ein Lichtpunkt von demanthaftem Feuer’: Karl Wolfskehl’s Visit to Dunedin“, in: Friedrich Voit / August Obermayer (Hgg.), *Exul Poeta. Leben und Werk Karl Wolfskehls im italienischen und neuseeländischen Exil 1933–1948*. Dunedin 1999, S. 249–284.

28 Zu Grayeff vgl. dessen Autobiographie *Migrant Scholar* (Freiburg 1986; als Internetpublikation: http://www.freidok.uni-freiburg.de/volltexte/1037/pdf/FelixGrayeff.pdf).

29 Vgl. an Morwitz 8.3.1941 (*Br II*, S. 390f.).

30 Vgl. die medizingeschichtliche Arbeit von Viola Angelika Schwarz, *Walter Edwin Griesbach (1888–1968. Leben und Werk*, Frankfurt 1999, besonders S. 45–64. Mit Griesbach,

Dunedin eine Forschungsposition erhalten hatte. In Dunedin erlebte Wolfskehl, was er bis dahin in Auckland noch nicht gefunden hatte, einen Kreis jüngerer Gelehrter, mit denen er sich in ihm gemäßer Weise austauschen konnte. Es waren, wie er sich bei Steinhof bedankte, kurze reiche Wochen, „in denen meine saftigsten Jahre aufzuleben schienen *[...]* Jeder Tag gab ein neues Versprechen und war eine neue Erfüllung“.[31] *Sogar eine antike Maori Axt erwarb er sich damals.*[32]

Die belebende Atmosphäre dieser Tage spiegelt sich in einer – stellenweise nur schwer entzifferbaren – Postkarte aus Dunedin, mit der Wolfskehl seine Ankunft bei den Binswangers avisierte:

Wolfskehl und Willi Fels[33] *in Dunedin Januar 1941 (DLA)*

---

dem das heiter gelassene Gedicht „Medico Magistrali“ (*GW I*, S. 268) dezidiert ist, blieb Wolfskehl bis zu seinem Tode in brieflichem Kontakt.

31 An Steinhof 28.4.1941 (*Br I*, S. 90).

32 An Steinhof 17.2.41 (DLA).

33 Zu dem jüdischen Geschäftsmann und Philanthrop Willi Fels (1858–1946) vgl. Ryan Anm. 27, S. 281f.

Wolfskehl, Dunedin[34]
c/o Steinhof, 27 Wallace Rd

Mrs and Dr Paul Binswanger
25 Office Rd
St. Alban
Christchurch

My dear friends looking back as well as forward, I am thinking on the beautiful rich <days> with you! Here I am nicely settled, wheather*[!]* lovely, warm <surrounded> with <hills and bushy>. I shall <stand here> for a little while not longer than a fortnight <1W> – would it be suitable for you to have me then, <with you> from the 10th of February for other 10–14 days – not longer <1–2W> course. Please a typewritten reply with large <spaced> lines! Many thanks <and>< 1W> <my love> <1W>! Remember me to all <2W> to Miss Mitshell[35] <1W>
cordially yours Karl Wolfskehl

Einige Tage später dankt Wolfskehl für einen bestätigenden Gruß Paul Binswangers und gibt mit einer weiteren Postkarte seine Ankunftsdaten für Christchurch:

Dr. Paul Binswanger[36]
25 Office Rd.
St. Albans
Christchurch

Dear friend, thanks so much for your kindly affirmative answer.[37] I am looking forward very pleased and I think I shall start on Friday 14th and so shall touch wood arrive on the evening same day. I will cable before. I had very nice and also interesting days here. D. is a town beautifully situated between and amongst bushy hills, mirror to some Swiss <places>. How charming to think I shall meet you in a few days. Please all my best wishes for Mrs Binswanger and for Miss Mitshell.
Very cordially Yours! Karl Wolfskehl

---

34 Hschr. Postkarte KW an O und PB 28.1.41 [Datum des Poststempels; Zensor-Vermerk auf der Karte] (DLA 71.464/1).

35 Majorie Mitchell, eine Botanikerin aus England, die als Untermieterin bei den Binswangers wohnte und mit denen sie auch bald nahe befreundet war. Wolfskehl hatte sie offenbar bereits während des kurzen Zwischenaufenthalts in Christchurch auf dem Weg nach Dunedin kennengelernt.

36 Hschr. Postkarte KW an PB [Poststempel: „Dunedin 11 FEB 1941"; Zensur-Tick] (DLA 71.464/2).

37 nvh.

Wolfskehl erlebte den Aufenthalt in Christchurch als ähnliche Bereicherung wie den Besuch in Dunedin. Über die Binswangers lernte er einige Hochschullehrer der Universität kennen und vor allem brachten sie ihn in Kontakt mit der höchst lebendigen literarischen und künstlerischen Szene der Stadt.

Merkwürdigerweise blieben diese für Wolfskehl folgenreichen Begegnungen in Otti Binswangers Erinnerungen an den Besuch fast ganz ausgeblendet. Dort beschränkt sie sich fast ausschließlich auf persönliche Begebenheiten während Wolfskehls Besuch bei ihnen: das Aufblühen der beiden geistesverwandten Männer im Gespräch über vergangene Gemeinsamkeiten, man feierte kleine Feste im Haus und bei der Taufe von Majorie Mitchells Tochter Juliet[38] *stand Wolfskehl sogar Pate; mit Otti genoss er Spaziergänge in den großen Park der Stadt und zu einem nahegelegen Flecken Urwald. Nach Christchurch kam dann auch Margot Ruben, wodurch sich jedoch, wie Otti Binswanger bemerkte, die zuvor ‚unbefangene' Atmosphäre des Besuchs wandelte. Wolfskehl und Margot Ruben nämlich hatten in Christchurch beschlossen zu heiraten und Wolfskehl hatte dazu von dort an Edgar Salin geschrieben, um über ihn von Hanna eine Scheidung zu erbitten.*[39] *Eine von Margot Ruben feierlich arrangierte Lesung von ersten Teilen des Mittelmeer-Gedichtes befremdete die Gastgeber mehr, als dass es sie erfreute. Solche Erinnerungsbilder fügen sich in ihrem Essay zu dem Eindruck eines eher von der Umwelt segregierten Emigrantendaseins, was jedoch keineswegs zutraf:*

> Wir erlebten das Wunder einer Wiederbegegnung zwölftausend Seemeilen von den Plätzen entfernt, an denen wir uns einmal getroffen hatten. Die Zeit, der Kummer des Heimatverlustes hatten ihn nicht verändert. Kraft und Reichtum seiner Persönlichkeit, sein Witz, seine Launen waren dieselben geblieben. Auch an seiner Erscheinung hatten die vielen Jahre wenig verändert. Das dunkle Haar flog ihm immer noch strähnig gelockt in die hohe weiße, fast weiblich glatte Stirn. Nur die Falten um seinen großen starken Mund hatten sich vertieft, und die Augen sahen noch schlechter als einst. Dennoch waren diese Augen, von starken Gläsern überdeckt, ein fast magisches Aufnahmeorgan. Immer wieder erstaunte man, wie viel und wie subtil Karl Wolfskehl seine Umwelt sinnlich wahrnahm. Seine Hände waren schön wie immer, von musischer Sensibilität und nicht gealtert. Seine Gestalt

38 Aus dem Kind wurde die bekannte englische Feministin und Psychoanalytikerin Juliet Mitchell. Zu ihren Erinnerungen an Otti und Paul Binswanger vgl. „'My' Otti" in: Otti Binswanger, *'And How Do You Like This Country?' Stories of New Zealand.* Hg. von Friedrich Voit, Frankfurt 2010, S. 89–92.

39 Vgl. *Leben und Werk,* S. 334–336.

aufrecht und mächtig, auch sein Gang derselbe, mit dem er oft in Schwabing die Leopoldstraße entlang geschritten war.

So betrat er jetzt unsern Rasen, unser Haus und freute sich an vielem, das dieser neue Aufenthaltsort bot. Er war entzückt über „Klein-Juliet", das Baby einer jungen Engländerin, die damals mit uns lebte. Er hielt das blonde Köpfchen dicht vor sein Gesicht und orakelte, was sich in dem kleinen Geiste dereinst entwickeln würde. Herrliche Prophezeiungen, die sich verwirklicht haben. Er tastete sich entdeckend durch Haus und Garten, verweilte in Andacht unter der Riesenpappel.

Vor allem aber traf er Paul Binswanger wieder, der, obgleich etliche Jahre jünger als Wolfskehl, verwandten Geist und Witz zu spielen wusste, wie sie sonst in diesem Lande nicht leicht zu finden waren. *[...]* Ein Gesprächspartner wie Wolfskehl, obgleich kein Philosoph, griff mit seinen Interessen tief in Binswangers Forschungswelt hinein. Beide Männer blühten auf. Das alte Schwabing war beiden gleich vertraut. Sie wussten um die farbigen Figuren dieser einzigartigen Bühne, und wie zwei lustige Puppenspieler haben sie sie denn tanzen lassen. Es gab endlose Geisterbeschwörungen. Wolfskehl konnte seine große Vergangenheit wieder beleben. Er betonte hierbei oft und gern, dass ihn das Alter toleranter gemacht hätte. Er ließ kleinen Ärger milde verrauchen, seine Urteile über einstmalige Opponenten hatten sich merklich entschärft. Man brauchte nicht mehr auf der Hut zu sein, diesen oder jenen Namen zu nennen, ohne Wut und gequälte Heftigkeit zu entfachen. Er litt wie wir alle in diesen Jahren gelitten haben, vielleicht stärker, weil er als Dichter unzertrennlich an die deutsche Sprache gebunden war. *[...]*

Karl Wolfskehl war von großer Unruhe, die aber aus seinem Wesen kam und nicht durch die Nöte der Zeit zu erklären war. Selbst wenn er still mit geschlossenen Augen bei uns im Garten saß, war Unruhe auch in seiner Unbewegtheit. Es gab oft Augenblicke, in denen sein dynamischer Geist wie ein Dampf durch die Räume strich.

Er half mir bei der Hausarbeit, wo er immer konnte. Erbarmungswürdig unpraktisch machte er sein Bett, das aus einer verlängerten Couch bestand. Er half mir beim Abtrocknen, obschon er sich in der niedrigen Küche bücken musste. Mit hausfraulicher Sorgfalt wischte er Töpfe aus, wobei es oft geschah, dass er mir einen als „unzureichend gesäubert" triumphierend zurückgab. Er wanderte durch den Gemüsegarten, brach behutsam Blättchen der Küchenkräuter, rieb sie in den Fingern, hielt sie vor sein Gesicht, kam dann zu mir und erklärte mir die Wesensart von Thymian, Salbei und Basilikum. Was wusste Wolfskehl eigentlich nicht? Welchen Zipfel des Universums hatte er nicht ergriffen? Das Kleinste wie das Größte war ihm immer gegenwärtig, und oft deutete er die Erscheinungen des Daseins auf mystisch-magische Weise.

Wir hatten in der Stadt eine gemeinsame Bekannte, die Karl nicht mochte, der er sogar Hexeneigenschaften anhing: „Schaut Euch den Hexendaumen an, die kann zerstören, seid auf der Hut!" An einem Sonntagnachmittag gingen wir zu zweit in den Park.[40] Als unverbesserliche Europäer träumten wir von einem Tee im Gartenpavillon und wurden natürlich von den puritanisch geschlossenen Rollläden bitter enttäuscht. Der Sonntag ist in Neuseeland nicht für derartige Freuden bestimmt. So hatte ich die Idee, Karl Wolfskehl einen kleinen, noch erhaltenen Flecken Urwald zu zeigen, „Deans Bush“,[41] der in der Richtung unseres Weges lag. Ich hatte jedoch die Entfernung unterschätzt und Wolfskehl taten bald die Füße weh, er wollte wie ein kleiner Junge nicht weiter gehen. Die Hälfte des Weges lag aber schon hinter uns und ich mochte den Ausflug nicht als Misserfolg enden lassen. Mein Begleiter litt, wie eben nur Männer unter Wehwehchen zu leiden verstehen; er beschimpfte mich fürchterlich wegen meiner schlechten Schätzung. Mit allerlei Tricks brachte ich ihn dann doch zu dem kleinen Naturwunder: Feuchter, überwucherter Boden, wildes Geranke, hohe Urwaldbäume und das fröhliche Gezwitscher angstloser Waldvögel. Die einzige Bank stand noch da und war leer. Sobald Wolfskehl saß und in den Bann des Genius Loci geraten war, war er ein anderer, dankte mir heiß, ihn an diesen außerordentlichen Platz geführt zu haben, der noch die magischen Kräfte wirklichen Urwaldes ausströmte. Er sog die Luft, den Duft tief in sich hinein, befühlte Baum und Strauch, roch an den Gräsern und entzückte sich an den Vogelstimmen. Als wir fortgehen wollten, packte er mich am Arm: „Versprich mir, niemals Frau X von diesem Platz zu sprechen, wenn sie erfährt, dass so etwas existiert, wird sie ihre zerstörerischen Kräfte aussenden und auch diese letzte Insel Urwald zum Verschwinden bringen.“ Auf dem Heimweg war er noch so erfüllt von dem Platz, dass er seine wunden Füße völlig vergaß.

Wir feierten auch kleine Feste. Binswanger erjagte die letzte Chiantiflasche, die es am Orte gab. Sie wurde im Studio aufgebrochen, Wolfskehl dabei auf einer viel zu niedrigen Couch sitzend. Die mit Stroh umflochtene Flasche im Arm träumte er vom Land ihres Ursprungs und besang ihre ungezählten Schwestern, in guten Zeiten geleert. Die ganze Toscana blühte auf, während seine Finger zärtlich den gläsernen Flaschenhals auf und nieder strichen. Er hielt den Chiantileib wie eine Laute im Arm, zu der er jetzt seine Lieder sang, und wir stimmten ein.[42]

In einer entfernten Landkirche an einer kleinen, baumumstandenen Bucht hatten wir Klein-Juliet getauft, und Wolfskehl war Pate geworden. Mit fester Hand, sehr aufrecht hielt er das Baby über das Taufbecken, mit Ernst folgte

---

40 »Hagley Park« in Christchurch, nicht weit von der Wohnung der Binswangers. Vgl. auch Wolfskehls Beschreibung des Parks in seinem Brief an Ernst Gundolf v. 15.4.41 (*Br II*, S. 436).

41 »Deans's Bush« oder »Riccarton Bush« ist ein stadtnaher, heute noch erhaltener kleiner geschützter ‚Urwald‘-Park in Christchurch.

42 Vgl. Karl Wolfskehls *Buch vom Wein* (1927).

er dem Taufritus und trat dann, nachdem er das Kind der Mutter zurückgereicht hatte, glücklich in die Sonne hinaus.[43]

Wolfskehl und Otti Binswanger in Christchurch 1941 (DLA)

Die für Wolfskehl nachhaltigste Begegnung in Christchurch ergab sich, als ihn Binswangers mit dem Dichter und Verleger der Caxton Press Denis Glover (1912–1980) bekannt machten.[44] *Beide verstanden sich sofort. Um Glovers Caxton Press scharte sich damals die junge literarische Avantgarde, eine Gruppe von Autoren, die heute als die Gründergeneration der neuseeländischen Literatur gilt. Hier lernte Wolfskehl den Dichter Allen Curnow (1911–2001) und den Graphiker Leo Bensemann (1912–1986) kennen, dessen Märchenillustrationen* Fantastica *(1937) Wolfskehl so sehr gefielen, dass er ihrem Schöpfer ein eigenes Gedicht widmete.*[45] *Die dort entstandenen Kontakte blieben nicht nur lose*

43 Vgl. S. 3, Anm. 9: „Begegnung mit Karl Wolfskehl in Neuseeland".

44 *Leben und Werk*, S. 329–333.

45 „Dem Bildner der *Fantastica*". in: *GW I*, S. 236.

bestehen, sie führten auch zu weiteren; Glover machte in Auckland lebende Autoren der Caxton Press auf Wolfskehl aufmerksam und initiierte so wesentliche neue Bekanntschaften.

Wie sehr die Eindrücke und Begegnungen während der Reise nach Dunedin und Christchurch Wolfskehl belebten und sogar ein Gefühl der Zugehörigkeit geben konnten, drückt sich in den ersten Briefen nach der Rückkehr nach Auckland aus; das neue Einvernehmen verrät sich in der persönlicher gewordenen Anrede:[46]

Mrs and Dr. Paul Binswanger[47]
25 Office Rd.
St Albans
Christchurch

Dear friends, you know the sad consequences of my so called ‘illegible' handwriting and so I must retain all *[I]* would tell you & concentrate it in these poorest lines wishing and hoping Margot would be able to typewrite for me later on. Boat and train all was allright[,] the Wellington – day full of interesting meetings.[48] What's about you both and Miss Marjorie? Best wishes – oh I cannot find one good expression <being awful> to legibility!
Cordially Yours Wolfskehl
We will send the <biskets> soon – what's about the oil?

Margot Ruben fand jedoch offenbar auch in den nächsten Tagen keine Zeit, um den versprochenen längeren Brief zu schreiben, so dass Wolfskehl abermals mit der Hand und sogar auf Deutsch schrieb. Er dankt Otti Binswanger für ihren – nicht mehr vorhandenen – Brief, der getragen war von ihrer anhaltenden Freude und Bewegtheit über die gemeinsam verbrachten Wochen:

---

46 Auch mit den Steinhofs wechselte Wolfskehl damals in der Anrede zum Vornamen und sogar zum Du (vgl. *Br I*, S. 90.).

47 Hschr. Postkarte KW an O and PB (DLA 71, 464/3); aus Auckland mit Poststempel: 10 MAR 1941. – Vgl auch die Postkarte von MR an Otti Binswanger vom 11.3.1941 (Datum des Poststempels): „well arrived and deeply sunk back in every day‘s life".

48 Während des kurzen Aufenthaltes in Wellington vor der Weiterfahrt mit dem Zug nach Auckland trafen Wolfskehl und M. Ruben auch mit dem Architekten und Komponisten Richard Fuchs zusammen. Fuchs hatte mit seiner chorischen Komposition *Vom jüdischen Schicksal,* zu der er vier Gedichte Wolfskehls vertonte, 1937 einen Preis bei einem Wettbewerb des Jüdischen Kulturbundes gewonnen. Vgl dazu: Friedrich Voit, „Jewisch Fates: Richard Fuchs and Karl Wolfskehl" (vgl. http://www.richardfuchs.org.nz).

18.III *[1941]*[49]

Liebe sehr sehr liebe Otti – Ists mir doch auch so ergangen! Wie in ein Stück Heimat blickt' ich zurück, denk ich nun dauernd hinüber! Könnt ich mich nur ausströmen wär nur nicht die Drohung wegen des ‚Illegible' immer über mir, jeden Federzug hemmend oder regulierend! Sie müssen unendlich viel Ungesprochnes, Ungeschriebnes vernehmen mit dem inneren Ohr, <nun> und immer <bis> zur Wiederkehr dieses lebendigsten Zusammenseins! So <vieles> war darin zusam ineinander gedrängt, gestern und morgen in jedem Augenblick zwillingshaft gegenwärtig. Was hatten wir uns alles zu berichten und wie war auch Ihr Schweigen kein Verschweigen! Jeder fühlte den Andern, sein Ringen wie seine Ruh, und auch die bloße Unrast kam zu ihrem Recht. So lebensvoll Ihre <Worte> Otti, alle*[!]* versteh ich, lieb ich[,] erfahr ich. Und das <rote>[50] Zimmer bleibt <reichlichstes> Sinnbild für all die <gewesnen> Schwingungen, wie für die <kommende> Verwirklichung. – Ja die Reise war seltsam <belichtet> glattste Überfahrt dazu, dann ein ausgefüllter Wellingtontag mit sehr netten Leuten und mit Büchern und einer Fahrt in die Vorberge. Hier ists suffocatingly heiß und die Südinsel lockt auch atmosphärisch, nicht bloß menschlich. Wie schön muß jetzt Ihre Symbiose sein! Mit der gedeihenden Juliet als Kleinod in der Krone! Ich hatte eine entzückende Sendung von der Caxton Press und erfreulichste Zeilen von Denis Glover.[51] Auch von Dunedin hatt ich Nachricht.[52] Ich glaub ich bin jetzt erst heimisch in New Zealand. Und am Sonntag trank ich schon wieder Bier. Das Öl kam an. Wie wunderbar verpackt. [J]eder Tropfen ein goldnes Erinnern <nun>. Auch Ihre Tomatengerichte, Otti! Wenn dieser Brief nur ankommt! Otti, ich grüße Sie inniglichsts! Die Margot ihres Briefes <so> froh,[53] will nächstens schreiben. Pauls <Spruch[54] gedenken> wir vielmals. Ihm ein nächster Brief[55] und heute allerbestes Gedenken! Und der einzigen Majorie so viel Zartes.
Liebste Otti ich bleibe von Herzen Ihr Karl Wolfskehl

---

49 Hschr. Brief KW an OB 18.3.1941(DLA 72.227).

50 Vgl Douglas K. MacDiarmids Portrait von Otti Binswanger *The Immigrant* (1945), das wohl einen Eindruck von diesem ‚roten' Zimmer zeigt (In: Otti Binswanger, '*And How Do You Like This Country?' Stories of New Zealand*. Hg. von Friedrich Voit, Frankfurt 2010, S. 75).

51 Denis Glover hatte am 10.3.1941 (DLA) an Wolfskehl geschrieben und ihm eine kleine Auswahl der Drucke der Caxton Press geschickt. Mit Denis Glover blieb Wolfskehl bis zu seinem Tod 1948b in losem Kontakt.

52 Den Steinhofs antwortete Wolfskehl am 28.3.41 (*Br I*, 90; dort fehlerhaft in den April datiert).

53 nvh.

54 nvh.

55 nvh.

Das nachhallende beglückende Gefühl „heimisch in New Zealand“ *zu sein, hielt sich freilich nicht lange auf solch fast euphorischer Höhe. In Briefen nach Übersee erlaubt er sich nur ausnahmsweise Berichte über positive Eindrücke und Erlebnisse und in Auckland herrschte wieder bald der gewohnte recht leere Ablauf des* „every day's life“, *wie Margot Ruben schon kurz nach der Rückkehr etwas resigniert mitteilte.*[56] *Erst später im Jahr findet Wolfskehl dann auch lebendigen Anschluss an die literarisch-künstlerische Szene in Auckland. – Wolfskehls Befürchtungen hinsichtlich seiner Handschrift sollten sich bewahrheiten. Obgleich der Brief offenkundig mit großer Bemühung um Lesbarkeit geschrieben war, ließ ihn der Zensor nicht passieren und schickten ihn nach einiger Zeit an den Sender zurück. Wolfskehl war darüber sehr unglücklich, wie er zwei Monate später in seinem nächsten Brief schrieb, mit dem er zugleich auf einen weiteren, ebenfalls verlorengegangenen Brief einging, in dem Otti Binswanger über ihre Arbeit und Tätigkeiten der letzten Wochen berichtet hatte:*

45 Esplanade Road[57]
Auckland, S. 1
17/5/41

Liebe Otti,

ein selbstgeschriebener Brief an Sie kam dieser Tage zurück wegen der für den Zensor unleserlichen Handschrift. Leider ist es mir unmöglich, meine Charaktere deutlicher zu gestalten, vor allem die Augenschwäche lässt dies nicht zu, so erwarten Sie denn bitte keine eigenen Schreiben mehr von mir, höchstens eine gelegentliche Kurzkarte mit einem Grus[s]satz. Denn es ist schrecklich, so sinnlos ins Leere zu rufen, und ich war ganz verzweifelt wie der Brief zum Absender zurückkam, dem rein handwerklich schon das Schreiben so unsägliche Mühe macht. Und der doch gewiss nichts ausser dem Allerpersönlichsten seinen Freunden ausdrücken möchte.

Es stand wirklich nicht viel in meinem Brief, eigentlich nur von der Freude über den Ihren[58] sprach ich darin, den Ihren so warmen und starken, so hellen und nahen, so ganz Otti-haften. Wie mit Ihrem ersten nach dem Abschied[59] so haben sie nun mit dem anderen, ja vielleicht noch stärker als damals, mich wieder in das Heim an der Office-Road versetzt, rück- und vorversetzt, in sein Räume, Veranden und Gartengänge, zu all seinen lieben Menschen, in seine ganze Atmosphäre. So viel Wirkliches und Richtiges, wohl Beobachtetes, herzlich Erfasstes geben Sie mir weiter. Über jede Einzelheit war ich froh, froh

56 An Otti Binswanger 11.3.41 [Datum des Poststempels] (DLA).

57 Masch. Brief KW an OB (DLA 71.463/5).

58 nvh.

59 nvh.

bis zur Gutlaune. Und ganz besonders lieb ist mir zu wissen, dass Paul nun seine Lehrtätigkeit in ihrem vollen wohl recht weiten Umfange hat aufnehmen können. Dass er dabei immer noch Zeit behält, die eignen Werke weiterzuspinnen[60] oder sich an der gedeihenden Juliet sich zu freuen*[,]* weiss ich ohnehin.

Dass auch Sie so schöne und erfolgreiche Arbeit haben ist herrlich.[61] Ich kann mir denken, wie das Sie sehr kräftigt, anregt und strafft. Überhaupt ist diesmal fast kein Schatten im Bilde Ihres Briefes. Wie so etwas herüberleuchtet zu mir!

Meine Gegengabe wird leider weit weniger farbig ausfallen müssen. Ich habe Ihnen ja erzählt, wie einsam mein Leben hier verläuft, und wie ich mit Bäumen und Blumen, ja mit allem Gewächs und manchem Getier weit vertrauter bin als mit dem, was so in mehr oder weniger annähernden Menschenform in Reichweite bleibt. Da mich zudem meine Blindheit auch von der selbständigen Bewegung immer mehr absperrt wird mein Einsiedlertum außerhalb des engeren Zusammenlebens fast paradigmatisch. Welt und Außen vermittelt mir die Schreiberin Margot fast ganz allein (sie wird übr. selbst bald schreiben und den Koffer, der aus Zeitmangel immer noch einer süßen Füllung harrt, absenden! M.)

So lebt denn unsereiner menschlich fast nur von dem, freilich erfreulich regelmäßig einlaufenden Berichten und Anrufen der Freunde aus aller Welt. Wie ein leuchtendes Gespinst flimmern die so verknüpften Schicksale und Erlebnisse über dem nächtigen Schwarz dieser Zeit, man erlebt sie tröstend und als Spender von Zuversicht fast wie die Sterne in diesen herrlichen Mondnächten voll Weite und Glanz. Um an gemeinsame Freunde zu erinnern: von Rune,[62] deren Einsamkeit jetzt schrecklich sein muss nachdem fast alle ihre Bekannten weg sind, bekomme ich Briefe von gradezu heroischer Würde, tiefst bewegende. Wollen Sie ihr nicht einmal schreiben? Die Adresse wäre: 42 Vernon Court, c/o Mrs. Marx, Handon Way, London N.W.2

Erinnern Sie eigentlich aus jugendbewegten Tagen eines auch damals schon nicht mehr ganz jungen Dr. Laudenheimer[63] und seiner etwas

60 Gemeint sind wohl Paul Binswangers Dante-Übertragungen und sein gelantes sprachphilosophisches Werk; beide blieben unveröffentlich bzw. unvollendet.

61 Wohl die sich ausweitende Tätigkeit als Gymnastiklehererin.

62 Die Ärztin Runhilt von den Steinen (1897–1976) emigrierte 1933 nach Italien, wo sie bis 1938 die Pension ‚Alboraia' in Florenz leitete, wo auch Wolfskehl zeitweilig wohnte. Wie ihre beiden Brüder Helmut und Wolfram gehörte sie zum engeren Freundeskreis von Wolfskehl. 1938 emigrierte sie nach England. Ihr Mann Karl Kilian Mayer (1898–1942) war zeitweilig in Kanada als enemy alien interniert (vgl. *Leben und Werk*, S. 131). Die Binswangeres dürften Runhilt von den Steinen in Florenz kennengelernt haben.

63 Der Neurologe und Psychiater Rudolf Laudenheimer (1869–1947) leitete mit seiner Frau ein Sanatorium in Alsbach bei Darmstadt. Er war mit Wolfskehl seit der gemeinsamen Schulzeit befreundet. Sein Sanatorium wurde von einer Reihe von Literaten und Künstlern

meinungswirren, aber sehr gutwilligen und hilfsbereiten Gattin Ida? Ihr Frankenfelder fuhrt damals in corpore oder teilweise oft hinüber in sein Alsbacher Sanatorium zu einer angenehmen Jause nebst freundlichem Zweispruch, und auch das Doktorspaar geriet manchmal in die Siedlerbaracke. Die beiden leben jetzt, vor kaum zwei Jahren doch noch erheblich vor Kriegsbeginn abgewandert, in England, bis vor kurzem in einer suburb Londons, nun in Cambridge und von da hat er mir einen dieser Tage eingetroffenen ganz wundervollen Altersbrief geschrieben,[64] gewürzt mit Weisheit, Würde und Ironie und von jener Entrücktheit dem Leben und Begeben gegenüber, wie sie nur viele und wohlverarbeitete Erfahrungen am Spätabend erreicht. Dabei ist es merkwürdig, wie fein und wahr er alles Menschliche beurteilt. Wenn Sie den Schreiber kennen schick ich Ihnen gelegentlich den Brief, nur dann hat es ja Zweck.

Auch Gedrucktes erhielt ich allerhand Interessantes, Zeitschriften, und Bücher aus Amerika und Schweiz. So kann ich mich denn über Mangel an Lebensweite nicht beklagen und kompensiere damit die Leere der näheren Umwelt.

Und dass Sie mir wieder versichern, zu einem Wiedersehen auch in Auckland käme es ganz gewiss, das empfind ich noch wie ein ganz besonderes Geschenk. Aber machen Sie es auch wahr! Denn „weisst Du, in sowas werd ich nicht gern angeführt“ schreibt die Bettine[65] einmal bei verwandtem Anlass und in einem nicht nur dialektisch dem meinem verwandten Deutsch.

Damit genug für heut. Bis zum nächsten Getippten sollen noch einige mit möglichster Kinderschrift langsam hingemalte kürzeste Grüße an Sie gelangen, Otti, das versprech ich. Und auch Sie schreiben bald wieder, gelt! Grüßen Sie mir den Paul vielmals und nehmen Sie Dank, Gedenken und viele gute Wünsche

[hschr.] Immer sehr Ihr Karl

Auch wenn sich die Aussicht auf eine feste Anstellung als Dozent für deutsche Sprache und Literatur an der Hochschule nach Kriegsbeginn zerschlagen hatte, so gelang es beiden Binswangers dennoch ihre privaten und beruflichen Aktivitäten zu pflegen und so auszuweiten, dass sie ihnen ein Auskommen sicherte, wie Otti Binswanger offenbar mit Stolz Wolfskehl berichtet hatte. Im Dezember 1940 hatte Paul Binswanger in einem Interview mit der örtlichen

---

aufgesucht, die z. T. dem George-Kreis nahe standen. Wolfskehl hatte Laudenheimer eingehend über sich und seinen Besuch bei den Binswangers geschrieben (an Laudenheimer 26.6.1941 (*Br II*, S. 455ff.) geschrieben.

64 Vgl. *Br II*, S. 454f.

65 Gemeint ist Bettina von Arnim (1795–1859).

Polizeibehörde ausgeführt, dass er Unterricht in „German, French, Greek, Latin, Italian, Spanish“ *erteile und angefangen habe auf Englisch ein sprachphilosophisches Buch* „concerning the teaching and theory of language“ *zu schreiben sowie mit dem renommierten New Yorker Verlag A. Knopf über eine Übersetzung* „in English verse of the Italian poem 'The Divine Commedy' by Dante“ *verhandle.*[66] *Otti Binswanger hatte sich mit ihren zunächst privat angebotenen Gymnastikstunden bald einen solchen Ruf erworben, dass man ihr auch Unterricht beim lokalen YWAC (Young Women's Christian Association) und an Schulen anbot.*[67] *Wolfskehl bewunderte und freute sich darüber, wie beide sich in der neuen Lebensumwelt zurechtfanden und engagiert einbrachten.*

Gleichsam als Gegengabe bezog er sie nun in seine weitere Korrespondenz mit ein, schlug Otti vor mit Runhilt von den Steinen in Briefverkehr zu treten, die sich damals in London noch nicht zurechtgefunden hatte und berichtete ihr über seinen gerade wieder aufgenommenen Kontakt mit Rudolf Laudenheimer, den auch Otti einst kennengelernt hatte und der inzwischen nach England emigriert war.[68]

Dieser erste längerer Brief, der mit der Freude über einen in Aussicht gestellten Besuch schließt, beinhaltet unausgesprochen die Aufforderung, den aufgenommenen Austausch nicht ruhen zu lassen, auch wenn er selbst nicht oft die Gelegenheit zu längeren Diktatbriefen hat und ihre Briefe mit nur kurzen handschriftlichen Grüßen beantworten kann.

---

66 Archives New Zealand AL 17214, Interviewzusammenfassung v. 9.12.1940.

67 Vgl. *Albatros* S. 136.

68 Über seine Wiederbegegnung mit den Binswangers schrieb KW am 26.6.1941 an Rudolf Laudenheimer: „In Christchurch lebt ein durch merkwürdige Umstände hierher verschlagenes Mitglied des Dynastie Binswanger, aber kein Arzt, sondern ein Philolog, mir seit langem bekannt, und seine Frau Otti – was glaubst Du, woher und wie lang ich mit ihr befreundet bin? Kennengelernt hab ich sie als Mitsiedlerin am Frankenfeld, wo sie ein gutes Jahr lang in ausgesprochener Opposition gegen das reichlich Frauenrechtliche dieser Barackenexistenz sich aufhielt. Damals hat sie auch Dich und die »Doktorin« gesehen und erinnert sich gern und genau. So kannst Du Dir denken, wie es um diese Wiedersehen nach reichlich zwölf Jahren beschaffen war. Sie ist noch genauso leuchtend, so warm, so wahrhaftig wie ehedem, treibt Gymnastik, heilende und stilvolle, passt sehr gut in ihre neue Welt, der sie, selber nordischer Herkunft, auch ganz natürlich zugehört, hat auch nahe Verwandte unter den Farmern der Insel, so kamen die beiden überhaupt her. Nun kannst Du Dir denken, wieviel Wirklichkeit dieser Aufenthalt in dem übr. sehr nobel und englisch gestalteten sommerlichen Christchurch mir eingebracht hat“ (*Br II*, S. 456f.).

Umso überraschender muss Wolfskehls nächster Brief für die Binswangers gewesen sein, der nur wenig mehr als ein Monat später statt eines Gegenberichts auf nicht mehr vorhandene Briefe eine dringende Bitte brachte:

23.6.41[69]

Lieber Paul, liebe Otti,
ich habe Eure Briefe[70] erhalten, und mit welcher Freude! Dennoch erwidr[e] ich sie heute nicht, denn ich habe eine große Frage zu stellen: kann ich zu Euch kommen? Ich will es heute noch keine Übersiedlung nennen, aber es wäre jedenfalls auf unbestimmt[e] Zeit hin. Man muss ja erst sehen, ob es menschlich und praktisch geht.[71] Ich brauchte natürlich ein sehr ordentliches für mich auch Tags über benutzbares Zimmer. Die Couchfrage, ist ganz bestimmt lösbar, jede Couch, die aus einer bloßen *[Liege]* auf Füssen besteht, lässt sich ohne Müh und ohne große Kosten verlängern, indem man ein sitzartiges Möbelstück in gleicher Höhe anfertigen lässt und mit einem Kissen belegt. Wolldecken hab ich genug. Ein Möbelstück würde ich mitbringen oder nachkommen lassen, Bücher bringe ich keine mit. Also die Frage ist: geht's grundsätzlich „Ja" oder grundsätzlich „Nein"? Ich glaube nicht, dass ich sehr stören würde, an das Alleinsein bin ich gewöhnt. Immerhin erwägt es genau, so wie ich es schon seit langem tat. Und schreibt mir dann gleich, wie ihr dazu steht. Auch das Nein würd ich verstehn und selbstverständlich ohne Gesinnungsänderung, ohne jede Minderung der Freundschaft und tiefen Sympathie, Otti, hier spreche ich besonders zu Ihnen, denn Ihnen würde ich ja zumeist zur Last fallen.
Also ich warte. Inzwischen alles Herzliche.
[hschr.] Euer
Karl Wolfskehl

Was war geschehen? Die Ereignisse, über die in Briefen dieser Zeit wenig geäußert wurden, lassen sich im Einzelnen nur vermuten. Sie dürften jedoch mit der bereits erwähnten Absicht Wolfskehls Margot Ruben zu heiraten und der von Christchurch im Februar abgesandten Anfrage an Edgar Salin zu tuen gehabt haben, eine Einwilligung zur Scheidung von seiner Frau Hanna zu erhalten. Erst

---

69 Msch. Brief KW an O und PB (DLA 71.464/4). – Auf der Rückseite notierte Paul Binswanger ein paar Zeilen, die sich jedoch nicht auf den Inhalt des Briefes beziehen: „according to the best authors // the house was furnished (garnie) with furniture // of all times and all the styles // but was is more interesting, is the interior of the castle // the facade*[?]* is interesting".

70 nvh.

71 Wolfskehl hat wohl auch erwogen, nach Dunedin zu wechseln (vgl. an Walter Jablonski 14.6.41, *Br II*, S. 356).

im September ließ Salin Wolfskehl wissen, dass er, der mit beiden gleichermaßen nahe befreundet war, in dieser Sache nicht vermitteln wolle.[72] *Dieses Warten und bereits bestehende Spannungen hatten die Lebensgemeinschaft von Margot Ruben und Wolfskehl, die um Anstoß zu vermeiden nach Außen als Nichte und Onkel auftraten, erneut belastet und sogar in Frage gestellt. Sie wollte nicht mehr nur als Sekretärin und Helferin des Dichters auftreten.*

Otti und Paul Binswanger haben Wolfskehl umgehend – wohl telefonisch – ihre Bereitschaft erklärt, ihn bei sich aufzunehmen, wofür er sich mit einem kurzen handschriftlichen Gruß Anfang Juli bedankt:

Dr. Paul Binswanger[73]
25 Office Road
St. Albans
Christchurch

My dear friends, I am thankful and touched. And I look forward. But it is difficult to fix up a date for coming, keeping not so well. But now you know my wishes and the best of my hopes.
I shall write very soon.
Yours Karl Wolfskehl

Dieser kurze Kartengruß lässt ahnen, wie sehr die Situation ihn psychisch und physisch angriff. Die Dringlichkeit eines Umzugs scheint dann etwas abgenommen zu haben, auch scheute er den in Christchurch strengeren Winter gegenüber dem milderen Auckland, wie er wenig später Otti wissen ließ, als er für ihre Vorschläge dankt:

Dr. Karl Wolfskehl[74]
45 Esplanade Road
Auckland, S. 1

Liebe Otti,
auf Ihren so herzlichlieben und entgegenkommenden Brief[75] habe ich kaum etwas zu antworten, vor allem keine Gegenvorschläge. Alles was sie darbieten sagt mir außerordentlich zu, und so sehr erst das Wie! Auch

---

72 An Wolfskehl 4.8.41 (DLA).

73 Hschr. Postkarte KW an O und PB; DLA 71.464/5. – Luftpostkarte; ohne Datum; Poststempel: 5 JL 41.

74 Msch. Brief KW an OB; DLA 71.463/6; ohne Datum (wohl Mitte Juli 41).

75 nvh.

ich glaube, dass auf solcher Grundlage eine völlige und echte Hausgemeinschaft nicht nur möglich sondern auch fruchtbar wird. Einzelheiten ergeben sich ohnedies erst bei der praktischen Entwicklung der Dinge. Die Möglichkeit, nach einer gewissen Zeit das separierte Flat[76] zu erhalten schwebt[,] dabei wie ein paradiesischer Traum vor der Seele, aber für vorläufig und, wenn es sich so ergibt, auch auf lange hinaus genügt das Soborski[77]-Zimmer vollauf. Die Frage freilich des Übersiedlungs-Datums steht noch offen. Schon hier in dem gewiss viel wärmeren Auckland setzt mir der diesmal besonders harte Winter erheblich zu, und zwar in jeder seiner Formen: der trocken-eisigen wie der feucht-kalten. Und wie mag er sich erst in dem doch erheblich äquator-ferneren Christchurch ausleben! So wäre vor September an eine Verwirklichung wohl nicht zu denken, denn der August ist nach meiner Erfahrung hierzuland eine besonders unfreundliche Jahreszeit, genau wie der entsprechende Monat der andern Hemisphäre. So bleibt denn heute zur Sache nichts weiter auszusprechen. Höchstens vielleicht die Einzelfrage der Couchverlängerung. Diese ist nach vielfacher Erfahrung sehr einfach durch Herstellung eines gleichhohen, natürlich lehnenlosen, etwa drei Fuß langen (vielleicht auch nur zwei Fuß langen) Hockers entsprechender Breite zu bewerkstelligen, auch eine gleich hohe Holzkiste würde den Dienst leisten. Dies Gerät, ja nur zum letzten Ausstrecken bestimmt, belegt man dann einfach mit einem Kissen, deren ich übr. ein paar mitbringe. Auch der Zudeck für da unten findet sich leicht.

Von Rune habe ich auffällig lang keine Nachricht und bin in Sorge. Sonst aber kommt recht viel Post herein und aus den verschiedensten Ländern. Die Welt der Wanderung. Und wie steht sie in Brand!

Dem ganzen Haus innigen Dank. In lebhaften Bildern stell ich mir Ihr Zusammenleben vor. Der Garten schaut jetzt wohl winterlich herein und die Riesenpappel sperrt ihre nackten Arme in die graue Luft. So tut auch mein Feigenbaum.[78]

Ich schreibe bald wieder. Gruß und gedenken Ihnen Allen.

[hschr.] Allerherzlichst, Otti

Ihr Karl Wolfskehl

---

76 Engl. „Wohnung".

77 Wohl ein ehemaliger Mieter im Hause der Binswangers.

78 Vgl. hierzu das Gedicht auf den Feigenbaum im zum Haus gehörenden Garten (*GW I*, S. 286f. und das Foto, das ihn mit dem Feigenbaum zeigt; *Br II*, S. 848); an Edgar Salin schickte damals auch das hier abgebildete Foto „Exul unterm winterlichen Feigenbaum" (an Salin 24.6.41; *Br II*, 151), das dem Freund die bedrückende Lebenslage andeuten sollte.

Zwei Winterliche (1941; DLA)

Es fällt auf, dass Margot Ruben, die ja mit in Christchurch war und die den Brief getippt hatte, mit keinem Wort, ebenso wenig wie die Gründe für die Aufgabe der Lebensgemeinschaft erwähnt werden.

Alle Pläne für einen Umzug mussten jedoch auf unbestimmte Zeit, wie Wolfskehl Binswangers telegraphisch wissen ließ[79]*, aufgegeben werden, als er Mitte August einen schweren Herzanfall erlitt:*

AM RATHER ILL COMING POSTPONED WRITING SOON CORDIALLY +

KARL ++

Über sechs Wochen blieb Wolfskehl bettlägerig und wie er in den folgenden Jahren immer wieder bemerkte, war es diese schwere Herzattacke, die eine folgeschwere Schwächung seiner Gesundheit brachte. Erst im September konnte Wolfskehl den Freunden in Christchurch eine kurze handschriftlichen Dank für deren gute Wünsche zukommen lassen:

79 Telegramm; DLA 71.464/6; Datum des Poststempels: 13 AU 41.

Mrs and Mr Otti and Paul[80]
Binswanger
25 Office Road
St. Albans Christchurch

Dear Otti, dear Paul, I feel better but I am far from real recovering. It was or better it is the heaviest attack of illness I had in my life. But I am thankful about my your love and your good words[81] and the smiling <1W> turns of a hopeful spring give me back somewhat of former lust of life.
Yours very cordially Karl Wolfskehl

Kaum als es Wolfskehl wieder etwas besser ging, erkrankte Margot Ruben an einer schweren Lungenentzündung, die es ihr über mehrere Wochen unmöglich machte, ihn angemessen zu pflegen. Es waren, für beide, wie es in einem Brief heißt, „einige Monate voller Schwierigkeiten und Nothelfe“,[82] *während der Wolfskehl von Mitte September bis Mitte Oktober sogar bei seinem Arzt Dr. Perl, wie er ein Refugee aus Deutschland, in Pension untergebracht wurde.*

Otti Binswanger ließ sich von Margot Ruben über Wolfskehls Ergehen unterrichten und hoffte, ihn im Januar während ihrer Ferien besuchen zu können:

Karl is staying with some friends for a few weeks. He is not feeling very fit, having recently had a flu – besides his heart troubles. I had a rather bad pneumonia myself and consequently can’t look after him properly, so he is boarding with these friends. K. asked me to tell you how pleased he is at your prospect of visiting him in January.[83]

Nach Hause zurückgekehrt bat Wolfskehl, der sich schon sehr auf das Wiedersehen freute, um die Ankunftsdaten:

80 Hschr. Luftpostkarte KW an O und PB [o.D.; Poststempel: 18 SP 41; Zensur-Tick] (DLA 71.464/7).

81 nvh.

82 An Laudenheimer 3.12.41 (DLA).

83 Hschr. Postkarte von MR an OB 30.10.41 (Datum des Poststempels; DLA). – Da kein Brief mit dieser Ankündigung erhalten ist, mag Otti Binswanger dies auch telefonisch mitgeteilt haben.

Mrs. Otti Binswanger[84]
25 Office Road
Christchurch

Dearest Otti, can you realize the intensity of my looking forward? There are only a few weeks yet between now and your arrival. Please Otti do tell me as soon as possible the date of your coming and how long you can stay here. I hop[e] you will give me a good part of your holiday – and these days will be a real holiday for me! I am better now and back at home, for one month living in the house of a doctor-friend.[85] I feel rather refreshed. Margot has much improved from her very serious illness, but she might be away for a few days in January for her complete recovery. This fact, of course, would not disturb your staying here in any way. Well, you will come and you are highly welcome. Have a good time meanwhile and do remember me and give my love to Paul as well as to Miss Mitchel and the growing and smiling Juliet. Yours very truly

[hschr.] Karl Wolfskehl

Offenbar in letzter Minute musste Otti Binswanger aber doch zu Wolfskehls großer Enttäuschung absagen. So schickte sie einen – nicht erhaltenen – längerer Brief, in dem sie schilderte, wie sehr sich ihr Wirken und Leben in Christchurch weiter entfaltet hatte, und den Wolfskehl mit einem knappen Umriss seiner Lebensumstände beantwortete, die sich, was Gesundheit und Umgang anging, wieder „etwas gelichtet" *hatten:*

45 Esplanade Rd.[86]
Mt. Eden
14 – 1 – 42

Liebe Otti, Sie können sich ja denken, wie mir zumute war, als Sie nicht ankamen. Ich hatte bis zum letzten Augenblick auf eine Art Wunder gehofft, zumal Ihr Brief erst nach dem Termin erschien.[87] Sogenannter Verstand und Wissen um Umstände behielten dann, wie es in späten Zeiten zu gehen pflegt,

---

84 Msch. Luftpostkarte KW an OB; ohne Datum; Poststempel: Mount Eden 27 NO 41 (DLA 71.463/7).

85 „Karl war nämlich für vier Wochen bei Dr. Perl in Pension. Wir beide kamen nämlich in heftigen Wettbewerb über das Ausmaß unsrer Schwäche und keiner erholte sich. So war dies nach jeder Hinsicht eine glänzende Lösung. Karl ist nun viel besser, Perl recht zufrieden mit ihm, natürlich muss er sich noch viele Monate lang sehr ruhig halten; er hatte Herzmuskelschwäche" (MR an Steinhof 14.11.41; DLA).

86 Hschr., Schreiber Alice Strauss; KW an OB 14.1.42 (DLA 71.463/8).

87 nvh.

doch die Oberhand und haben das arme Herz zu guterletzt auch noch auslachen dürfen. Jedenfalls habe ich bei der Gelegenheit gemerkt – es braucht solcher Rüttelungen manchmal, um das wenn auch schon Vorhandene ins Tagesbewusstsein zu stellen – also habe ich gemerkt, wie nahe wir uns wieder gekommen sind und so bin ich ganz gewiss, dass es trotz des über die letzten Versuche waltenden Unsterns doch über kurz oder lang zu einem Wiedersehen kommt. Was man recht ernstlich will gelingt unweigerlich.

Es wäre zuviel gesagt, wenn ich behauptete, Ihr Brief sei irgendwie ein Ersatz gewesen für unmittelbaren Anhauch von Wesen zu Wesen, aber er enthielt doch so vieles über Ihr Ergehen, Ihre prachtvollen Arbeitserfolge, über Paul, Juliet und Ihre ganze Umwelt, dass mein Sinnen wie meine Träume recht viel zu tun bekamen zu Bedacht und Weiterspinnen. So danke ich Ihnen vielmals für die Belebung mancher einsamen Stunde. Zur Vergeltung hätte ich Ihnen manches über mich zu berichten, aber das tut sich schwer im geschriebenen Wort. Körperlich bin ich wohl besser daran, aber die frühere Freiheit der Physis gegenüber ist doch merklich eingeengt, ich muß auf mich achthaben, das ist bitter genug. Vielleicht stellt sich's noch einmal her, einige Fehlerquellen mindestens lassen sich stopfen und auch im Positiven ist's nicht ganz aussichtslos. Vor allem die Arbeitskraft erlahmt nicht, ein neuer Band ist vollendet. Das Dunkel der Vereinsamung im ganzen das gleiche wie immer und ja auch unvermeidlich hat sich wenigstens nach der Seite etwas gelichtet, dass einige Jugend sich um mich zu sammeln begonnen hat, dem und jenem vermag ich etwas aus meinem übrigens so verschlossenen Schatzhaus zu überreichen und so spürt man gelegentlich auch außerhalb der kreativen Sphäre wieder etwas von der alten Kraft. Den eigentlichen Lebensraum doch bilden und erfüllen die Briefe von fernher. Jetzt kommen sie naturgemäß spärlicher, aber doch ist Schweiz, Amerika und England immer noch der Ausgangspunkt solcher Lebensströme.

Margot Ruben ist, was ihr nach der schweren Krankheit sehr nottat, auf 2 Wochen in holiday gefahren, so diktiere ich diesen Brief in eine andere befreundete Hand, wenn's geht schreibe ich bald wieder und einiges mehrere. Grüßen Sie inzwischen Paul, Marjorie und das Haussönnchen Juliet sehr herzlich, jedes nach seiner Weise.

[hschr. KW] Alles Herzliche, liebe Otti!
Ihr

Karl Wolfskehl

Mr Glover fand den Weg zu mir nicht!![88]

88 Denis Glover hatte sich offenbar vor seiner Abreise nach England, wo er von 1942–1945 in der britischen Marine diente, kurz in Auckland aufgehalten.

Die „befreundete Hand“, *der Wolfskehl diesen Brief diktiert hatte, war Alice Strauss (1912–1995). Sie stammte aus Aussig; zusammen mit ihrem Mann Wolf hatte sie noch im letzten Moment aus der Tschechoslowakei fliehen können und beide waren über England 1940 nach Auckland gekommen. Die promovierte Romanistin hatte sich noch als Kinderpflegerin ausbilden lassen und kam als Vorleserin zu Wolfskehl. Schon bald gehörte das Ehepaar zum engeren Freundeskreis von Wolfskehl und Margot Ruben.*

1942 war für Wolfskehl wohl das anregendste und im Hinblick auf die Kontakte zur literarischen und intellektuellen Umwelt reichste Jahr in Auckland. Bereits 1941 befreundete er sich mit zwei jungen Flüchtlingen, dem Komponisten Georg Tintner (1917–1999) und dem Literaturwissenschaftler Paul Hoffmann (1917–1999), die ihn dann regelmäßig besuchten. Nun ergaben sich auch Kontakte zu den durchweg viel jüngeren Schriftstellern in Auckland, die in Wolfskehl den Repräsentanten europäischer Literatur erkannten und von ihm und seinem reichen Wissen fasziniert waren. Für einige Zeit gehörte er damals zur Ricklander literarischen Szene und stand er in freundschaftlichem Verkehr mit deren wichtigsten Mitgliedern wie den Dichtern R. A. K. Mason (1905–1971) und Rex Fairburn (1904–1957)[89] *oder dem Erzähler Frank Sargeson (1903–1982).*[90]

Als es ihm gesundheitlich wieder besser ging, machte sich Wolfskehl daran seine im europäischen und neuseeländischen Exil entstandene Dichtungen in einem Band zusammenzustellen unter dem Titel „Buch Exul“[91], *das er als sein* „thulisch-exulisches Monumentum“ *gesehen haben wollte. Wenngleich in dieser Zeit nur wenige neue Gedichte entstehen, versiegte auch in dieser Phase die dichterische Kreativität nie völlig und begann sich auf das Sammeln und Ausgestalten zu konzentrieren.*

All dies erleichterte auch der Umzug Ende März 1942 von der kleinen Wohnung in 45 Esplanade Road in ein angemietetes Haus ein paar Straßen weiter in der 18 Disraeli Road. In diesem hellen Haus, zu dem ebenfalls ein Garten gehörte, fühlten sich Wolfskehl und Margot Ruben wohl, nicht zuletzt weil sie hier auch den erweiterten Freundes- und Bekanntenkreis zu Besuchen und Gesellschaften viel besser einladen konnten.

Nach dem abgesagten Besuch in Auckland scheint der Briefwechsel mit den Binswangers für einige Monate ins Stocken geraten zu sein. Zu sehr war man wohl beiderseits mit Eigenem – Neuem wie dem Verfolgen der Kriegsereignisse – beschäftigt. Erst ein telegraphischer Gruß Otti Binswangers, vermutlich zum Geburtstag im

---

89 Fairburn widmete Wolfskehl auch seinen Band *Poems 1929–41* (1943).

90 Sargesons schrieb seine Erinnerungen an Wolfskehl nieder in *More than Enough* (1975), S. 102ff.

91 Vgl. *Leben und Werk* S. 387ff.

September gab wieder einen Anstoß, sich über das Ergehen auszutauschen. Jetzt erst erfahren die Binswangers die neue Adresse und neue Telefonnummer:

new adress: Dr. Karl Wolfskehl[92]
18 Disraeli Street
Auckland, S. 1
Phone: 61373[93]

My dearest Otti,
just now I am receiving your kind telegramm.[94] Being very touched about it, I feel very shameful, that my perseverant silence caused some anxiousness for the sake of my health. Well, I have to admit that my keeping is not the best one. Today I can reveal to you: the attack one year ago has been much heavier as I wrote you in my letters. And, however being relieved, the fundamental causes as well as the symptoms did not go away: lasting weakness, together with a rather enormous irritability of nerves form a state of being, neither comfortable for the others, neither for myself.

Yes Otti, that are the facts and you will realize that I was hesitating to speak about them so frankly. Certain circumstances are hampering also a regular writing, especially the very regrettable fact that my own handwriting is no more accepted by the censor. And indeed it becomes more and more illegible, owing to my own nearly definite blindness. So Otti you must understand and you must excuse me!

And, that is the most important in spite of all these complaints, you must always feel and know how highly I love and appreciate any word, any tale, any compassion coming from you! Your big letter[95], so full of yourself, strong and laughing, sparkling of energy, lead by good will and earnest intention – this your letter was and is a source of refreshment and deep satisfaction. This is the atmosphere I lived and I hope to remain in. Thank you now and for ever for your presence.

That is nearly all I wish to tell you today. Next time perhaps I shall be a bit more able to point out some details about my life and about notices coming from the friends abroad. About my new residence likewise. We have shifted, by a chance owing to present times, we found a house well furnished and with a garden, for the same price we had paid hitherto. And it is the same suburb. There is a veranda just as in mountain-houses of Bavaria or Swiss Alps, with a nice view towards the hill, called Mount Eden. You can imagine how often I

---

92 Msch. Brief KW an OB; ohne Datum (DLA 71.463/10), doch mit der neuen Adresse des Hauses, das sie am 18. März 42 bezogen haben. Die Angabe zum Herzanfall „one year ago", datiert den Brief in eine Zeit nach Mitte August 1942.

93 Diese Angabe wurde nachträglich eingefügt, denn sie fehlt auf der Durchschlagskopie.

94 nvh.

95 nvh.

am sitting there, dreamy and thirsty. The mildly smiling winter-time is a very good thing. – And apart of that? My production has not been very intense since the illness. But lucky enough I found several younger friends, anxious to read for me, and so at least my knowledge about modern English literature, especially about lyrical movements and the actual essayists is remarkably improving. A poor substitute for your own working, however necessary and enjoying during such an interval for an eternal student, as I like to call myself.

Dear Otti, here you receive not very rich a letter and surly not sufficient an echo of your wonderful abundance. Don't blame me, once I could give with fuller hands. And, I am quite sure, your imagination can and does surround my words.

How much I am thinking back to the days of Christchurch, full of life and colors and light – and of twilight also! Your descriptions gave me such a clear and direct picture of your common and individual being and a very good one! Please give my love to Paul, my best regards to Miss Marjorie and my smiling wishes to growing Juliet. And for yourself, Otti, thanks, memory, hopes.

Yours always
[hschr.] Karl Wolfskehl

Zu den Umständen, die Wolfskehls Briefwechsel damals behinderten, gehört nicht nur die durch die zunehmende Blindheit wachsende Hemmung, mit der Hand zu schreiben, und die damit verbundene Furcht der Zurückweisung durch den Zensor, hinzu kam auch eine Beschränkung der Möglichkeit Briefe zu diktieren, in dem Maße wie Margot Ruben ihre Unterrichts- und Vortragstätigkeit ausweitete, und der triviale Umstand, dass es damals über Monate nicht möglich war, neue Farbbänder für die Schreibmaschine in Neuseeland und in Übersee zu besorgen.

Es ist bedauerlich, dass Otti Binswangers ‚big letter' *nicht erhalten ist, in dem sie wohl eingehend über ihr Ergehen in Christchurch berichtet hatte. So mag sie über die Puppen berichtet haben, die sie aus Stoffresten zuerst für das Kind Juliet herstellte, dann aber auch für andere, und von denen sie eine wenige Monate später als Maskottchen Wolfskehl schenkte. Ebenso wird sie über Paul Binswangers Dante-Übersetzung und vielleicht bereits über den Beginn ihres eignen Schreibens berichtet haben. Auch wird Wolfskehl von ihr erfahren haben, dass Paul Binswangers Mutter, dank ihrer amerikanischen Herkunft, Deutschland hatte verlassen können und nach New York entkommen konnte.*

Einen Blick auf die Lebenssituation der Binswangers, wenngleich aus ganz anderer Perspektive, findet sich in den Polizeiakten, die über sie seit ihrer Registrierung als Enemy Aliens geführt wurden. Hier finden sich unter anderem drei eingehende Berichte des ihre Post überwachenden Zensors, in denen dieser die

Persönlichkeiten von Paul und Otti Binswanger wie deren Haltung zum Krieg und zu Neuseeland beurteilte. Dieser den Überwachten lange unbekannte Zensor, der in Wellington alle Post der Flüchtlinge aus Europa von und nach Übersee kontrollierte, war Reuel Anson Lochore (1903–1991), eine ebenso bemerkenswerte wie schillernde Figur während jener Jahre.[96]

Lochore ging nach einem Studium der englischen, französischen und lateinischen Philologie, der Philosophie und Psychologie und einer kurzen Karriere als Lehrer zu weiterer Fortbildung 1930 nach Deutschland, dessen Kultur und Sprache er bewunderte. Nach Besuch verschiedener Institutionen promovierte er 1935 in Bonn bei Ernst Robert Curtius mit einer Dissertation über History of the Idea of Civilization in France (1830–1870). *Die Hoffnung auf eine Anstellung bei der Regierung, als er 1936 nach Neuseeland zurückkehrte, erfüllte sich zunächst nicht, so dass er wieder als Lehrer tätig wurde. Daneben hielt er zahlreiche Vorträge über Deutschland, in denen er sich für eine Verständigung einsetzte, doch auch kritische Worte über Hitler und den nationalsozialistischen Rassismus fand. 1938 gab man ihm in Wellington auf Grund seiner weiten Sprachenkenntnis und Vertrautheit mit den politischen Entwicklungen in Europa den geheimen Posten des „officer in charge of aliens".*[97] *Enemy Aliens, so deren offizielle Bezeichnung, wurden von ihm in Hinblick auf ihre Einstellung zum – jetzt feindlichen – Herkunftsland und ihre Haltung gegenüber England überprüft, und deren Schicksal brachte er allenfalls eine reservierte Empathie entgegen, wie etwa seine Berichte über die Binswangers dokumentieren. Bereits in seiner ersten noch recht kurzen Denkschrift*[98] *vom Juni 1942, die einen Lebenslauf Paul Binswangers kommentiert, stellt er diesen in ein ungünstiges Licht, indem er besonders dessen Charakter und Glaubwürdigkeit in Frage stellt:*

> Not much biographical detail here. He "completed studies in 1929" – what was he doing all his earlier life? What did he do from 1929 to 1933? He is not straight about his allegedly anti-Nazi book either. N. B. a baptized Jew; very German in outlook. Is in touch with intellectuals, especially the German (but Jewish) poet Karl Wolfskehl in Auckland. I bet he despises the British at heart because they are not intellectual enough for him. *[...]* He is probably what he seems to be – an intellectual snob.

---

96 Zu Lochore vgl. Michael King, „The Strange Story of Reuel Anson Lochore", in: M. King, *Tread Softly For You Tread on my Life*. Auckland 2001, S. 64–86 und Freya Klier, *Promised New Zealand. Fleeing Nazi Past*. Dunedin 2009 (Dt. zuerst: *Gelobtes Neuseeland. Fluchten bis ans Ende der Welt*. Berlin 2006).

97 Vgl. M. King, The Strange Story (Anm. 95), S. 69.

98 Archives New Zealand, Justice Dept 1941/50/594, ca. Juni 1942; alle drei Berichte Lochores sind anonym, doch durch inhaltliche Fakten eindeutig ihm zuzuweisen.

Um ihm seinen vermeintlichen intellektuellen Snobismus abzugewöhnen, schlägt Lochore sogar vor Paul Binswanger für ein „Pioneer corps“ *zu verpflichten, eventuell jedoch auch und sinnvoller als Dolmetscher.*

Wie genau er über die Lebenssituation der Binswangers und deren laufenden brieflichen Kontakte und Aspirationen unterrichtet war, lässt ein weiterer, längerer Bericht einige Monate später erkennen,[99] *den er im Zusammenhang der Neuklassifizierung der Enemy Aliens erstellte und der dazu beitrug, dass die Binswangers von B nach B3 herabgestuft wurden. In diesem Bericht räumt Lochore auch ein, wie vertraut er mit dem geistigen Hintergrund Binswanger war, der wie er ebenfalls bei E. R. Curtius promoviert hatte:*

> Paul & Ottilie Binswanger
>
> Binswanger sent early Red Cross messages to his mother, Ellen ‚Sara‘ Binswanger, Kronbergerstrasse 28, Frankfurt am Main. His wife has communicated similarly with her sister, the wife of Dr. Alfred Springer, Herzogstrasse 2, Breslau 10; with another sister Olga, the wife of Gerhard Halle, Marthastrasse 5, Lichterfelde West, Berlin; and with a third sister unmarried, Emmi Lilienthal in Berlin. *[...]*
>
> Binswanger has literary correspondence occasionally with Dr. *[Leo]* Spitzer, John Hopkins University, Baltimore, and with Dr. Helen Wirnszewsky*[?]*, same address. (The latter wrote 16.6.41 that she would hold out very little hope of his having his Dante translation printed in U.S.A.) He also corresponds with Dr. Wolfskehl, the blind German poet in Auckland.
>
> There has also been correspondence recently in connection with the emigration of Mrs Binswanger senior, who on account of her American birth found emigration to U.S.A. comparatively easy. Binswanger writes that she would have left long before except that she thought it her duty to nurse an invalid sister-in-law, who however died in 1941. She left Germany about January last, being assisted by the Society of Friends and others, and sailed to U.S.A. on the exchange liner “Drottningholm” which repatriated American diplomatic representatives from Europe. Binswanger is called upon to maintain his mother and is of course in financial difficulties over it. The mother is at present in a Friends’ hostel in New York, and alien is now in regular correspondence with her.
>
> Binswanger apparently has no near relatives left in Germany, whereas his wife has 4 sisters, three of whom are named above. The forth Elfriede, wife of Friedrich Weiss, who is probably a school teacher. She alone shows some traces of nationalist or even perhaps pro-Nazi feeling in this passage from a pre-war letter of 17.7.39, from Dittersdorf near Berlin: “We are once again

99 Archives New Zealand AL 17214 (ca. September 1942); die Herabstufung bedeutete eine Verschärfung der polizeilichen Überwachung.

on the eve of great events like those of last spring. Europe is beginning to take on another aspect. We are living in a new age. – As I am playing melodies from old operas on the piano this afternoon, I felt far out of reach*[?]* of all world happenings. One should be thankful not to have too much to do with the great disturbances in the world, so that all the unrest that political differences of opinion once cursed*[?]* even within the family circle is wiped out. – I don't know whether I am judging things rightly; after all we live in the country." – This suggests though rather vaguely, that the writer approved of Hitler's method of winning bloodless wars, as in Austria and the Sudetenland, and quietly assumed that he would do as much again in September 1939; she also approves of the political unification of the German nation under Hitler. – A recent Red Cross message said: "Elly's son missing since May"; and if this Elly is identical with Elfriede Weiss, no doubt the extreme proximity of "all world happenings" has been brought home to her.

[...]

Binswanger studied the French and Italian languages at Heidelberg University under Prof. Ernst Curtius, who is perhaps Germany's leading professor in these subjects, and it so happens that present translator also studied under Prof. Curtius at another university some years later, and thus is particularly familiar with alien's intellectual background. Curtius was a well-known opponent of the Nazi philosophy where it touched the intellectual problems of his subject; in 1933 he was after some debate left in office, but has remained under a cloud. Translator is confident that if alien accepts the broad*[?]* humanism of Curtius he will be of definite anti-Nazi convictions; on the other hand that does not mean that he will be in any respect pro-British. Or that he will desire the complete defeat of German military power. – From the authority's report it seems that alien had to water down his absurd claim to have published an anti-Nazi thesis in Germany in 1934, nevertheless, when it is not a matter of impressing simple colonials with intellectual fireworks, alien gives an impression of intellectual honesty. He and his wife recently advised Mrs Binswanger senior not to attempt to come to N.Z., not only because it was well-nigh impossible, but also because they had made up their minds to leave N.Z. for U.S.A. as soon as practicable. Probably such a conceited super-intellectual can expect no great future in N.Z.; yet if the man is (as we believe) an honest opponent of Nazism, and would stick to his principles even in an emergency with what constancy he could muster, it seems that special restrictions might be unnecessary and might only have the effect of prejudicing the good name of this country in the eyes of himself and his associates.

Lochore beobachtet die Binswanger, die diese Berichte selbstverständlich nicht kannten, immer mit einem gewissen Maß an Misstrauen. Positives wie ihre anti-Nazi Einstellung wird relativiert und indirekt in Frage gestellt, sei es durch angebliche nicht genügende pro-Britische Haltung oder durch die vermutete hitlerfreundlichen Bemerkungen von Otti Binswangers Schwester Elfriede. Geradezu erbost ist Lochore über Paul Binswangers Bemerkung, ein regimekritisches Buch in Deutschland veröffentlicht zu haben und unterstellt ihm, mit einem solchen „absurd claim" *nur uninformierte Neuseeländer täuschen zu wollen. Ganz offensichtlich kannte Lochore weder Binswangers Buch* Die deutsche Klassik und der Staatsgedanke, *das durchaus als gegen nationalsozialistische Ideologie gerichtet gelesen werden kann, noch dessen Dissertation; beide Bücher waren 1933 bzw. 1934 in Deutschland erschienen. Sogar Binswangers Absicht in die USA zu gehen, wo er sich bessere Aussichten versprach und seiner Mutter besser beistehen konnte, wurde gegen ihn gehalten. Insgesamt frappiert wie der akademisch weitgebildete Lochore immer wieder das in Neuseeland damals verbreitete Ressentiment gegen Intellektuelle ins Spiel brachte und dem Flüchtling vorhielt sich nicht dankbar zu bescheiden.*

Fortwährendes Misstrauen erregte Paul Binswanger bei der Polizeibehörde durch seinen Deutschunterricht. Zeitweise hatte man sogar erwogen, ihm diesen Unterricht ganz zu verbieten. Man erlaubte ihm dann aber diesen Unterhaltserwerb mit der Auflage, dass er seine Schüler bei der Polizei jeweils genehmigen lassen musste, was sowohl Lehrer wie Schüler immer wieder als schikanöse Diskriminierung empfanden. Trotz vielfacher Bitten um Aufhebung beließ man es bis zum Kriegsende bei dieser Auflage.

Der ins Stocken geratene Briefwechsel mit Wolfskehl blieb zunächst weiter sporadisch, mal kamen keine Nachrichten aus Christchurch, dann wieder fehlte Wolfskehl, wie er in seinen Briefen dieser Zeit mehrfach beklagte, die Schreibhilfe Margot Rubens.

Traurig erkundigt er sich in einem Weihnachtsgruß nach dem Ergehen der Freunde:

> Mrs Otti Binswanger[100]
> 25 Office Rd.
> St. Albans
> Christchurch
>
> Dearest Otti? Why so silent? How are you both? I don't feel so well, very depressed, needing a refreshing word. I am sad and alone.
> Please give me good notices about you as well about your working. I am looking forward to that. Best Wishes for Christmas! My love to Paul.
> Yours Most cordially
> Karl Wolfskehl.

---

100 Hschr. Postkarte KW an OB [Datum Poststempel: Mount Eden 14 DE 42; Zensur-Tick] (DLA 71.463/9).

Die Bitte blieb nicht unbeantwortet und Otti Binswanger schrieb mindestens zwei Mal, ehe ihr Wolfskehl dafür Anfang März danken und wieder über sich selbst berichten konnte:

Dr. Karl Wolfskehl[101]
18 Disraeli Street
Auckland, 2.3.43

Ja, liebe Otti, da haben Sie's, jetzt bin ich der Pausenmacher. Und die Schweigschulden häufen sich, und das Gewissen brennt. Ich kann nur immer wieder sagen: gedenken Sie der Blindheit! Das eigne Schreiben hat so ziemlich aufgehört, schon ein paar armsälige*[!]* Postkartenlinien sind ein Risiko dem Zensor gegenüber. Und auch die Möglichkeit des Diktierens verschrumpft, alles ist geschäftig und voll besetzt. Alle Verbindungen mit der Ferne sind damit zu einem Mindestmaß verdammt, unter dem ich selber am schmerzlichsten leide. Denn wieviel, ja wie einzig wertvoll ist doch diese Fernluft im Her wie im Hin!

Ihre zwei Briefe,[102] mit all den vielen guten Berichten und all der strömenden, ja schäumenden Kraft waren ein Labsal, und die Puppe, das farbige Urwesen, thront auch bei mir mascottisch überm Bücherbord, öfters dankvoll bestreichelt. Das ganze Puppentheater mag ein schönes Ensemble bilden, und nach den paar Andeutungen, die Sie fallen lassen, schwebt mir vor, es ließe sich daraus und dafür ein originell fantastisches Scenarium grundieren, zeitentrückt und doch ganz und gar umsprüht von temporellen Sarkasmen. Bloss ein Scenarium: etwas so Unwirkliches wie ein Puppentheater bedarf keines fest umrissnen Dialogs, jeder neue Augenblick gebiert Wort und Gegenwort, immer was andres aus dem gleichen Grundmotiv, so wie es bei der Commedia dell'Arte auf der großen Bühne der Fall war. Heute, wo Guckspiele, pictures genannt, und Hörspiele über die gemarterte Luft hin den Theatersinn endgiltig verderben, ist die wahre Gestaltungsschaulust ängstlich und geekelt fortgezogen zu Schatten und Puppen. Also, Otti, machen Sie Ihr Ensemble nur richtig komplett. Nicht bloß der Kossack hat wieder einzugaloppieren in die Gruppe. Aber bedenken Sie eins: Spielpuppen haben sehr expressiv zu sein, modellierte Gesichter, ausdrucksvolle Hände. So traumhafte Wesen wie die mir zugeflogne Urschöne wirken nur in der Hand oder als Schutzgeist.

Ihre Briefe atmen Kraft und alle Lust zum und im Lebenskampf. Wie gern vernimmt man das, wie hilfreich ist es für einen selbst. Ich wüsste gern mehr und Deutliches von der Art Ihrer Arbeit, ich glaube, Sie tun ein gutes Werk, und gewiss ein sehr essential *[one]*. Außer durch Sie hör ich kaum

---

101 Msch. Brief KW an OB 2.3.43 (DLA 71.463/11); der Brief ist veröffentlicht in *Br II*, S. 523–525.

102 nvh.

was aus Christchurch. Einer meiner vertrautesten jungen Freunde war für ein paar Monate nächst der Stadt in einem Camp der Air-Force,[103] und brachte Grüße von den dort verbliebenen Künstlern und Dichtern der Caxton Press. Das weckte liebliches Gedächtnis. Es ist doch viel gutes zielbedenkendes Streben unter den Begabten dieses Landes und bei den Jungen und Jüngsten schon manch schöner Erfolg. Das Heft der „New Writings"[104] kam Ihnen doch zu Gesicht? Da ist eine Gruppe ausgezeichneter Prosa beisammen, ja sogar etwas wie ein Hauch echten Neuseelands scheint spürbar, Rex Fairburns Verse darin hab ich sehr lieb, ebenso die Allen Curnows.

Endlich komm ich jetzt dahin, mich im englischen Schrifttum zurechtzufinden, Maß und Blick zu bekommen, was recht schwer ist, viel subtileres Einfühlen verlangt wie der Normalleser oder Massenverschlinger wohl meint. Aber ich glaube, jetzt übersehe ich sowohl den Gesamtgang wie die heutigen Verästelungen bis ins Koloniale. Recht vieles dabei gelernt. Und in den Pausen der eignen Arbeit, die aber ihren sichern Weg, touch wood, fortschreitet, ist somit für Stoff zum Nach- und Weiterdenken gesorgt. Ja, es hat sich inzwischen ein zum Austausch angemessener und wohlgeneigter Kreis gebildet. Auch die Sprachkunst beherrscht man allgemach, wenn auch die Suada noch nicht dahinrauscht wie im eignen Idiom.

Von Übersee kommt immer wieder Nachricht und aus vielen Ecken und Enden. Bis ins Innerste Afrikas gehen nun die Fäden, und die amerikanischen stricken sich immer mehr zum Netze aus. Endlich steht auch, das zu vernehmen wird Paul besonders nahe gehen, ein Wählband aus Stefan Georges Werk in Aussicht, die Gesamtausgabe wird nicht lange auf sich warten lassen.[105] Was ich von der Übertragung kenne, heiße ich schlechthin meisterhaft, auch Burckhardts Weltgeschichtliche Betrachtungen kommen nächstens heraus,[106] desgl. spricht man bereits sehr angelegentlich davon, Gundolf zu bringen, zunächst natürlich seinen Shakespeare.[107]

---

103 Ronald Holloway (1909–2003), der Drucker und Verleger der Aucklander Griffin Press, mit dem und dessen Frau Kay sich Wolfskehl um 1941 befreundete.

104 Frank Sargeson und andere neuseeländische Autoren veröffentlichten mehrfach Beiträge in den während der 1940er Jahre in der englischsprachigen Welt vielgelesenen Monatsschrift *Penguin New Writing*, die John Lehmann in London herausgab.

105 Seit August 1940 wusste Wolfskehl von der Absicht Ernst Morwitz' Georges Gedichte ins Englische zu übersetzen und korrespondierte darüber immer wieder mit Morwitz (vgl. *Br II*, S. 386ff und *Leben und Werk* S. 407–412) Die Auswahlausgabe *Stefan George: Poems* erschien 1943 im Pantheon Verlag, New York, den Kurt Wolff leitete.

106 Vgl. dazu Kurt Wolffs Ankündigung seines ersten amerikanischen Verlagsprogramms (an Wolfskehl 23.5.1942; *Br II*, S. 512).

107 Diese von Wolfskehl angeregte Edition (vgl. an Kurt Wolff v. 13.10.42; *Br II*, S. 516) kam nicht zustande.

Eine andre Nachricht hab ich zu bringen, eine traurige. Runhilt von den Steinens Gatte, Dr. Karl Kilian Mayer, ist einer schweren Krankheit erlegen. Über der Runhilt waltet wahrhaft tragisches Schicksal, sie erweist sich würdig seiner Wucht und Größe, sie muss und wird überstehen. Trotz diesem Verlust ist sie in London nicht allein, Ernst Gundolf[108] und andre recht eng Gefreundete umgeben sie. Von ihrem Bruder, dem Basler Professor,[109] erhalt ich in Abständen schöne Lebenszeichen und Arbeitsproben, seine Übertragungen aus mittelalterlicher Lateindichtung erschließen mir ein vorher wenig betretenes Gebiet, und grade dieser Tage kam ein französisches Gedenkblatt über seinen Besuch der Gräber in Raron und Minusio.[110] Auch Lechter[111] liegt ja in Raron, wie Sie wissen, Seite bei Seite mit Rilke.

So viel für heut, liebe Otti. Schreiben Sie mir oft, Sie wissen wie sehr ich ausschaue um Nachricht. Auch ich will \ Möglichstes tun. Grüßen Sie Paul vielmals. Bitte auch Professor Sinclair[112] und die andern Freunde dort. Von Mr. Brassington[113] hatt ich dieser Tage eine entzückende Sendung nebst charmantem humanistisch beschwingten Geleitbrief. Mein Dank an ihn kommt allernächster Tage.[114] All, alles herzliche, liebe Otti. Ihr

[hschr.] Karl Wolfsk12 ehl

Das Puppengeschenk, das Wolfskehl an seine früherer Zusammenarbeit mit Alexander von Bernus und den Münchner Schattenspielen erinnerte, zu denen er selbst

---

108 Ernst Gundolf (1892–1945), mit dem Wolfskehl noch von Darmstadt und im Kreis um Stefan George seit langem befreundet war, emigrierte 1938 nach England; er stand mit Wolfskehl in brieflicher Verbindung (vgl. *Br II*, S. 432–453).

109 Wolfram von den Steinen (1882–1976), seit 1929 Privatdozent, dann Professor für mittelalterliche Quellenkunde und allgemeine Geschichte des Mittelalters in Basel.

110 Gemeint ist wohl der Aufsatz von Wolfram von den Steinen: „Génies d'un autre monde", in: *Suisse contemporaine: revue mensuelle*, 2 (1942), No 9, S. 695–708.

111 Der mit Wolfskehl befreundete Berliner Maler und Graphiker Melchior Lechter (1865–1937), starb in Raron und liegt dort nahe dem Grab von Rainer Maria Rilke beerdigt.

112 Der Professor für englische Literatur Frederick Sinclaire (1881–1954), der zum Kreis um die Caxton Press gehörte und den Wolfskehl bei seinem Besuch in Christchurch über die Binswangers kennengelernt hatte.

113 Der Anwalt und Bibliophile Alan Brassington (1902–1981) war mit den Binswangers befreundet, wo er auch mit Wolfskehl zusammentraf. 1943 schickte er ihm seine *Five Sonnets,* die in der Caxton Press erschienen waren. Margot schrieb zu diesem Brief einen Notiz, über ein anderes Geschenk von Brassington, ein „Rezept *[für eine Salbe]* zur Geschmeidighaltung alter Leder-Einbände"; mit der Salbe wurden dann von Wolfskehl in Auckland seine antiquarischen „Funde liebevoll *[...]* eingerieben".

114 Vgl. hierzu S. 68, Anm. 154.

Stücke verfasst hatte,[115] *regte ihn zu einer kleinen Poetik des Puppenspiels an. Man spürt seinen Stolz über das vertrauter Werden mit der modernen englischsprachigen Literatur und erkennt die Bereicherung, die er durch den anregenden Kreis meist viel Jüngerer erfährt, der sich in dieser Zeit um ihn gebildet hatte. Das Gefühl sich nun endlich auch im Aucklander Exil* „aufs angenehmste eingelebt, vor allem was die menschlichen Beziehungen anbelangt *[...]* alles, was ich zu geistigem Austausch benötige"[116] *zu haben und sich sogar wohl zu fühlen, kam jedoch zu einem schmerzhaft abrupten Ende, als Wolfskehl und Ruben das Haus entgegen der ursprünglichen Vereinbarung gekündigt wurde und sie Anfang Mai 1943 ausziehen mussten.*

Alle Versuche eine geeignete Wohnung für ein weiteres Zusammenleben zu finden, schlugen fehl – wie Margot Ruben bedrückt im Hinblick auf die Zukunft einem Freund schrieb: „we have to leave that house very soon and there is no place where we could go to no house nor flat nor anything to be found. Being a 'symbolist' by nature I tend to take those external things as rather significant events in my life"[117] *Hilfesuchend wandte sich Wolfskehl an abermals Otti Binswanger:*

18 Disraeli Rd.[118]
5-4-43

Liebe Otti,

Eine Anfrage – oder eigentlich ein Notschrei. Man hat uns gegen die im vorigen Jahr getroffene Vereinbarung unsere Wohnung gekündigt. Hier am Ort etwas auch nur einigermaßen Taugliches zu finden, ist nahezu ausgeschlossen. Margot und ich erwägen ernstlich die Möglichkeit, dass jeder etwas für sich sucht. M. muss unbedingt aus beruflichen Gründen hier bleiben. Bei mir steht das anders. So frage ich:

Könnte ich gegebenen Falles bei Euch ein Unterkommen finden, in der Art etwa, wie es vor 2 Jahren erwogen wurde? Bitte besprechen Sie's mit Paul und antworten Sie mir umgehend. Das ist alles, was ich für heute auszusprechen habe. Grüßen Sie Paul sehr.
Ich bin wie immer herzlichst

[hschr. KW] Ihr
Karl Wolfskehl

---

115 Vgl. Manfred Schlösser, *Karl Wolfskehl 1869–1969. Leben und Werk in Dokumenten.* Darmstadt 1969, S. 208–214.

116 Wolfskehl an Peter Munz nach Christchurch 4.3.43 (DLA).

117 An Ian Hamilton 29.3.43 (DLA).

118 Hschr. jedoch von fremder, nicht identifizierter Hand Brief KW an OB vom 5.4.43; der originale Brief liegt im DLA bei den Briefkopien MRs eingeordnet: NZ 71.1.

Keine aktuelle persönliche Missstimmung führte das Ende des Zusammenlebens von Wolfskehl mit der Gefährtin Margot Ruben herbei, sondern die Kündigung des Hauses in der Disraeli Straße und Margot Rubens Belastung durch ihre Tätigkeiten – sie unterrichtete Latein an einem College, gab daneben privaten Sprachunterricht und hielt regelmäßig vor diversen Gruppen Vorträge zu literarischen und historischen Themen – unter einen Hut zu bringen: „praktische und innere Schwierigkeiten waren ins Übermaß gewachsen“, *wie Wolfskehl im Oktober dem Schweizer Freund Edgar Salin schrieb.*[119] *Margot Ruben war beruflich an Auckland gebunden. Ein Wechsel in eine andere Stadt hätte ihr die über längere Zeit aufgebaute Möglichkeit eines eigenen Lebensunterhaltes die Basis entzogen. Wolfskehl dagegen, war hier unabhängiger, da er aus dem Verkauf seiner Bibliothek an Salman Schocken von diesem eine vierteljährlich angewiesene Rente*[120] *bezog, die freilich auf Grund der Kriegsteuerung zunehmend weniger ausreichte.*

Wieder waren Otti und Paul Binswanger bereit Wolfskehl in ihrem Haus aufzunehmen, doch scheint es, dass dies nicht sofort geschehen konnte und Wolfskehl warten sollte, bis Majorie Mitchell, die ihre Rückkehr nach England vorbereitete, ihre Wohnung freigemacht hatte. Ihre Abreise verzögerte sich jedoch bis in das nächste Jahr. Auf den Auszug aus dem Haus in der Disraeli Straße folgten für Wolfskehl mehrere Monate wechselnder Unterkünfte, die sich jeweils rasch als ungeeignet erwiesen und ihn zunehmend physisch wie psychisch belasteten:

Dr. Karl Wolfkehl[121]
167 Victoria Ave.
Remuera, Auckland
28.7.43

My dear friends,

infinite thanks for your letter.[122] You got the reply to your telegrams. All that a bit too late through circumstances I cannot explain in detail. Also now, being in a hurry, I must apologize in advance for laconism. After four month of bad experiences, compulsory quitting, intermezzi on farms, private boarding houses, inefficacy of so-called friends, and so on, I am in a state of depression you may imagine. And I am sorry to say, in spite of strength of voice my health, even as my mood, are not more

119 An Salin 8.10.43 (DLA).

120 Vgl. hierzu *Leben und Werk* S. 169f.

121 Msch. Brief KW an O u. PB 28.7.43 (DLA 71.464/8).

122 nvh, ebenso wie die anschließend erwähnten Telegramme und KWs Antwort.

as they were. And so I would not think I could become a real companion for you, at least for the next time, even the journey from here to Chr. would be difficult. In the last moment we found two, in a certain way furnished rooms, surely nothing permanent.[123] But for the moment it will be a refuge. I very seriously consider my transplantation to Chr. And I ask you to give me immediately notice, when Miss Mitchell's date for sailing will be fixed.

That is all I can tell you just now. We are in a hurry, Margot has to go out to her lessons. And she is my only opportunity for writing. You have to read thousands of things between and around words and phrases. But I know you will and you are most able to do so.

As soon as possible you will have a real letter, explaining the whole matter. I cannot say what it means for me to know you are there and you are ready for me! Thanks, wishes, hopes!

Always yours,
[hschr.] Karl Wolfskehl

Im Anschluss an Herbstwochen Anfang Mai auf einer Farm fand Frank Sargeson für Wolfskehl eine Unterkunft in Takapuna, von wo er jedoch nach zwei Monaten geradezu floh, da er und die Vermieterin miteinander nicht zurecht kamen,[124] *um dann für kurze Zeit bei dem befreundeten Komponisten Georg Tintner zu leben, der damals eine Hühnerfarm in Henderson am Westrand der Stadt betrieb. Auch Margot Ruben fand nur temporäre Unterkünfte, ehe sie beide Ende Juli nochmals zwei separate Zimmer an der oben angeführten Adresse im zentraler gelegen Stadtteil Remuera mieten konnten. Doch auch dies war eben nur ein vorläufiges Provisorium. Die beschränkten und wechselnden Unterkünfte hatten zur Folge, dass die über die vergangenen beiden Jahre aufgebaute gesellschaftliche Integration Wolfskehls gravierend gestört und unterbrochen wurden. Es wurde schwieriger ihn zu besuchen und für ihn Besucher zu empfangen. Dies sollte sich bis zu seinem Tode nicht mehr ändern.*

Es war wohl gerade die Erfahrung der Unbehaustheit, die ihn zögern ließen nach Christchurch umzusiedeln und die Vorschläge, die ihm Otti Binswanger machte, aufzugreifen und weiterzuverfolgen. Trotz aller Schwierigkeiten hatte er inzwischen in Auckland eine größere Anzahl von Freunden, die sich um ihn kümmerten, während er solche in Christchurch kaum hatte, wie er Binswangers zu bedenken gab:

---

123 Wolfskehl und Margot Ruben konnten dort zwei Einzelzimmer beziehen.

124 Vgl. Frank Sargeson, *More Than Enough* (1975), S. 106f.

Dr. Karl Wolfskehl[125]
167 Victoria Ave.
Auckland, 29.9.43

Liebe Otti,
ich habe Ihren Brief erhalten,[126] ich danke Ihnen sehr. Ich muss deutsch antworten um alles deutlich zu machen. Ihr meint es sehr gut, ich bin auch überzeugt, dass Ihr Euch die Vorstellung, es ginge zu meinem und Eurem Behagen, nach reiflicher Erwägung machtet. Aber bitte, wie steht es in Wahrheit?

Ich bin bei aller noch vorhandenen Geisteskraft und trotz ungemäßer, ja unglücklicher Lebensumstände, eher gesteigerter Schaffensfreude, ein alter Mann, gerade 74 geworden. Mein Herz ist schwer geschwächt. Die übrigen Organe in voller Ordnung, das einzige was ich nicht vertrage sind Tierfette in der Nahrung (besonders nicht das mörderische Dripping[127])! Außerdem ist die Erblindung erheblich vorgeschritten, und ich bedarf einer gewissen Hilfeleistung. Seelisch kommt dazu, dass ich eine höchst gesellige Natur bin, der Menschen bedarf, um innerlich stark zu bleiben und freudig, dass ich Willige haben muss, die gerne empfangen, dass ich nichts so hasse wie die blöden Rechthaber oder Gleichgültigen. Das ist der Tatbestand, von dem aus jede Erwägung zu gehen hat.

Was fände ich in Christchurch? Eine, wie Ihr sagt, angenehme Wohnstelle für Half-boarding, bei einer vielleicht verständnisvollen, vielleicht sogar beistandsbereiten englischen Frau, außerdem das dinner bei Euch mit einem gelegentlichen oder vielleicht regulären Abendanschluss. Das wäre alles. Sonst kenne ich dort keinen Menschen und wäre den ganzen Tag völlig allein, absolut allein. Glaubt Ihr das könne jemand ertragen, der nicht lesen kann, nicht schreiben, nicht einmal in die Stadt fahren kann, der keine Gänge mehr macht und der bei fortwährender innerlichen Produktivität der Ansprache bedarf, der Mitteilung bedarf, der sich ausgeben muss, der Willige finden muss, Bereite. Und dieser Jemand ist Karl Wolfskehl, ein Schaffender in einem der gespanntesten Augenblicke seines Daseins. Wollt Ihr wirklich die Verantwortung übernehmen, diesen Karl Wolfskehl im quälendsten Alleinsein tagsüber irgendwo hocken zu wissen?

Wie ist es hier? Auch hier furchtbar viel Einsamkeit, gewürzt durch Empfindungen und Erlebnisse, von denen ich nicht sprechen will. Andererseits jedoch find ich hier, besitz ich hier eine kleine Anzahl vertrauter Freunde, Männer und Frauen, Leute die wissen wer ich bin, denen es ein Bedürfnis ist von mir getränkt zu werden. Alles Leute die auch ihre Berufe haben, ihr eignes Leben, ihre Häuslichkeit, Tagesöde und Existenzjammer. Hiesige

---

125 Msch. Brief KW an OB 29.9.43 (DLA 71.463/12).

126 nvh.

127 Engl. „Bratfett, Schweineschmalz“.

und Emigranten. Jeder von denen, an die ich denke, hat es bis jetzt möglich gemacht ein paar Stunden in der Woche bei mir zuzubringen, hilfevoll zu sein, mir vorzulesen, gelegentlich zu schreiben. Kaum ein Tag, an dem ich völlig allein bin. So sind denn hier die fürchterlichen Härten, die der Exul in ungemäßem Land zu erdulden hat, mindestens gemildert.

Zu alle dem kommt, dass, wie Ihr wisst, meine ökonomischen Umstände sehr enge sind und ich mich aufs äußerste beschränken muss. Das tu ich gern, seufzerlos, wenn irgendeine seelische Kompensation besteht.

Sehen Sie ein, Otti, dass der Tag in Christchurch für mich noch viel unerträglicher wäre wie hier? Machen Sie sich ein Bild! Weder Sie noch Paul wären irgendwie für mich vorhanden, außer beim Mahl oder gelegentlich nachher.

Mein telefonischer Notschrei erklang aus einem Augenblick vollkommener Ratlosigkeit. Inzwischen erhielt ich mein Studentenzimmer (weit frugaler als ich während meiner Semesterzeit je eins genommen hätte), ein helles Zimmer, und, gottlob, eine genügend lange brauchbare Couch drin.[128] Dazu kommen die paar wirklich verständnisvollen, die Menschen die sich meiner so annehmen wie ich es brauche. Fremde wird dadurch nicht zur Heimat, aber sie wird halbwegs ertragbar. Ich glaube, Otti, Sie und Paul überblicken jetzt die Sachlage. Es widerstrebt mir, all das so deutlich zu machen, es war unumgänglich. Bitte seht in meiner Deutlichkeit keinen Mangel an Freundschaft sondern das was sie wirklich ist: eine durch weit zurückreichende Erfahrung und zumal durch die letzten fünf Jahre illusionslos gewordene Einsicht. Glaubt es mir, ich lebe nur noch weiter weil ich es meinem Werk schuld und denen übersee zu denen ich wahrhaft gehöre, denen in der Schweiz, in den Vereinigten Staaten, Einigen in Palästina. Zwei Dinge verpflichten: Liebe und Werk.

Lasst Euch diesen Brief durch den Kopf gehen. Schreibt mir, wie Ihr ihn auffasst, ich glaube nicht dass Ihr zu anderm Ergebnis kommt. Ihr müsst mir Recht geben. Dabei weiß ich selber besser als irgendwer, wie es hier um mich steht.

Ich bin von Herzen und, Otti, im tiefsten dankbar für Ihren warmen Anteil,

immer Euer

[hschr.] Karl Wolfskehl

Wolfskehls Bestandsaufnahme seiner Situation und sein nüchternes Abwägen eines Lebens in Christchurch im Vergleich zu Auckland verbirgt kaum die übergroße Belastung unter der beide, er wie Margot Ruben standen. Haushalt, Beanspruchung

128 Hschr. von MR eingefügt.

durch Wolfskehl und berufliche Anforderungen waren zu viel für sie geworden. In ihrem Bemühen nach einem Ausweg wandte Ruben sich auch an den in Wellington lebenden deutsch-tschechischen Schriftsteller Frederick Ost,[129] *der gerade Kontakt mit Wolfskehl aufgenommen hatte, mit der Anfrage, ob es eventuell dort eine Unterkunfts- und Verpflegungsmöglichkeit für ihn gäbe. Doch Ost konnte nicht helfen.*[130]

Wolfskehls Verzweiflung im Oktober 1943 ging so weit, dass er Salin tief deprimiert auf Englisch, um den Zensor zu passieren, eine handschriftliche Abschiedsluftpostkarte sandte: „Blind, heartsick, hopeless, helpless and not knowing where to go. I have to quit anew. *[...]* All my forces and energies break down. Nothing remains but the longing to be finally freed from the torture of life. Farewell you all my beloved people."[131]

Dank des praktischen Eingreifens anonymer Aucklander Freunde fand sich dann doch eine wenngleich wieder nur vorläufige, doch hilfreiche Lösung. Für ein halbes Jahr, von Mitte November bis Mitte Mai 1944 brachte man Wolfskehl in einem Erholungsheim unter, wo er eine angemessene Betreuung erhielt, sich wohl fühlte und sich vor allem auch psychisch wieder stärkte: „Man hat mich in einem hiesigen, sehr gut geführten Convalescent Home untergebracht, wo ich der alltäglichen Sorge enthoben, wieder ins Gleichgewicht komme. Wie bin ich dankbar für diese Wendung."[132]

Der Plan nach Christchurch zu ziehen, wurde nun endgültig aufgegeben. Briefe, die Wolfskehl mit Binswangers während der Monate in dem Erholungsheim wechselte, scheinen verloren gegangen zu sein. Mit der sich abzeichnenden Niederlage Deutschlands und der beginnenden Befreiung Italiens im Sommer 1943 kam dann in den Briefen ein neues Thema in den Vordergrund. Otti und Paul begannen ihre Rückkehr nach Europa zu planen und Wolfskehl teilte und bestärkte ihre Hoffnungen:

---

129 Zu Frederick Ost vgl. Leonard Bell, „'A Stranger Arrives': The Art and Writing of Frederick Ost in New Zealand", in: Friedrich Voit / August Obermayer (Hgg.), *Exul Poeta. Leben und Werk Karl Wolfskehls im italienischen und neuseeländischen Exil 1933–1948.* Dunedin 1999, S. 324–344.

130 Vgl. Margot Ruben an Ost 28.10.43 und Ost an KW 14.11.43 (DLA).

131 An Salin 25.10.43 (Postkarte, Datum des Stempels; DLA).

132 An Marie Luise Wolfskehl 3.12.43 (DLA); vgl. auch den Brief an R. von den Steinen 6.12.43 (*Br I*, S. 169f.).

Dr. Karl Wolfskehl[133]
c/o Blumenfeld
38 Grange Road
Auckland, 6.7.44

My dear Otti and Paul,
Eure Briefe waren wie ein Frühlingsruf![134] So einer „und dräut der Winter noch so sehr ...“[135] Dass man überhaupt heute schon solche Pläne machen kann, hat was Erschreckendes und erquickt doch. Ich sehe Euch schon waltend, lang gesparte Energien werden frei, die Welt öffnet sich. Marjorie erzählte mir schon von Eurer Absicht,[136] und seitdem ist ja alles noch ziemlich handgreiflicher geworden. Haltet mich doch auf dem Laufenden.

Ob man sich vorher noch einmal zu Gesicht kriegt? Ich bin schwerfällig geworden, Blindheit und Herzschwäche sind keine guten Lebensbegleiter, und im Exil bei schmaler Außenhilfe richtige Plagen. Es hat keinen Sinn, von all dem viel Aufhebens zu machen in einer Zeit, wo einem das Gleichgültige des Einzelschicksals (bald fast der ganzen zoologischen Spezies!) so drastisch sich einbläut. Ich glaube, neben vielem Sonstigen müssen diese Jahre sinnlosen Schreckens auch eine völlige Umwandlung des Ich-Gefühls zeitigen, freilich ohne jene metaphysische Kompensation, welche die Bibel mit den Worten: „Herr, was ist der Mensch dass Du ...“[137] bezeichnet. Auswege gibt‘s keine mehr. Und dass man sich etwa das fünfte und sechste Jahrhundert nun mit Analogie-Mitteln vorstellen[138] oder die Sermonen Gregors des Großen[139] wenigstens nach ihrer faktischen Grundstimmung und Situation eher versteht, gewährt kaum Trost.

Und dennoch, Ihr lugt aus und vorwärts. Ich bin so froh über Eure Kraft. Auch Marjory’s Lebensmut erquickt. Ich wollte, sie schriebe mir einmal. Ich hatte sie aufgefordert, den Ernst Gundolf zu besuchen, der die Einsamkeit innerhalb der Weltstadt und alle Zufälle von außen nach seiner Art stoisch erträgt, Klassiker liest und seine minuziös filigranierten Federzeichnungen noch

133 Msch. Brief, DLA 71.464/9; der Brief ist veröffentlicht in *Br II*, S. 525–527. – Da Wolfskehl nie sicher sein konnte, wie lange er eine Unterkunft, wo er als Boarder Aufnahme gefunden hatte, beibehalten konnte, ließ er in den folgenden Jahren seine Post an die Adresse der befreundeten Familie Blumenfeld schicken, von wo er sie abholte oder sie ihm gebracht wurde.

134 nvh.

135 Erste Zeile des Gedichts „Hoffnung“ von Emanuel Geibel (1815–1884).

136 Majorie Mitchell kehrte mit ihrer Tochter Juliet im Frühjahr 1944 nach England zurück und hatte vor ihrer Abfahrt KW in Auckland besucht.

137 Vgl. Ps. 144,3: „Herr, was ist der Mensch, dass du dich seiner annimmst, und des Menschen Kind, dass du ihn so beachtest?“

138 Gemeint sind wohl die Auflösung des römischen Reiches und die Germanenreiche dieser Jahrhunderte.

139 Papst Gregor I. (540–604), einer der bedeutendsten Päpste der späten Antike.

immer zärter ins Ätherische verflüchtigt (kürzlich hat er mir ein paar sehr eindrucksvolle Blätter geschickt)[140] und einer Ansprache gar sehr bedarf. Erinnert sie doch gelegentlich daran. Von der Rune hab ich öfters Nachricht, ihre innerliche Einsamkeit ist wenigstens durch ein arbeitsreiches und segenvolles Tagewerk kompensiert. Auch lebt sie inmitten einer herb großen, ihr sehr zugehörigen Landschaft. Ihre Briefe sind herrlich. Gut doch, dass die Lichtpunkte nicht völlig versiegen, trotzdem sie das Schwarze noch tiefer vernächtigen.

Bitte sagt doch Peter Münz,[141] dass ich ihn gewiss nicht vergessen habe, aber im Briefschreiben nicht mehr zuverlässig sein kann, in lächerlich wenige Wochenstunden hab ich alles zusammenzudrängen was von Korrespondenz, Lektüre, eigner Arbeit zu geschehen hat.

Ja, auch die eigne Arbeit geht ihren Gang, ginge ihn noch kräftiger, wenn sie mehr gestützt würde. Fast unheimlich, dass trotz oder mit alledem, was mich bedrängt und meistens verdrängt werden muss, die lebendige Kraft noch weiter wenigstens flackert. Ich bilde mir immer noch ein, ein halbwegs günstiger Wind brächte sie zum vollen Auflodern. O Mittelmeer![142] Ihr könnt Euch denken, wie mir zumut war und wird, wenn wieder eine der geliebten Städte und Siedlungen ins Gesichtsfeld der News rückt. Wie gut kenne ich Viterbo, Spoleto, Orvieto, Perugia. Ungezählte Male war ich von Florenz aus im heiligen Arezzo,[143] der Geburtsstätte sotadischen[144] Grinsens, schwärmerischster Erotik und – tönender Guido – jener Tonverflechtung, ohne die europäische Musik unmöglich wäre. Und die Stadt selbst! Mit Pierro della Francescas epischer Freskenkunst,[145] mit jener Kirchenfassade, die aus enger Gasse höchst aufgereckt als eine Festung Gottes auf diese Erde gestellt scheint, den Himmel verteidigend wie verheißend! Und welche Namen von Siedlungen, Türmen, Landschaften klingen mit! In sonderbares Zwielicht taucht sich mir die Dekade, die ich in Italien durchlebte.[146] Gewisser wie je

140 Vgl. Wolfskehls Brief an E. Gundolf 28.8.43 (*Br II*, S. 439).

141 Peter Munz (1921–2006), mit dem Wolfskehl einige wenige Briefe wechselte, studierte damals in Christchurch u.a. bei Karl Popper Philosophie und Geschichte. Nach dem Krieg ging er nach Cambridge wo er 1948 promovierte. Ab 1949 lehrte er Geschichte an der Victoria University, Wellington.

142 Um diese Zeit begann Wolfskehl mit der Zusammenstellung und Ausarbeitung des *Hiob*-Zyklus, nach dessen Abschluss er den bereits in Teilen ausgearbeiteten *Mittelmeer*-Zyklus vollendete (vgl. *Leben und Werk* S. 468ff.).

143 Aus Arezzo stammen Pietro Aretino (1492–1556), Francesco Petrarca (1304–1374) und Guido von Arezzo (ca. 992–1050), auf den die moderne Notenschrift zurückgeht.

144 ‚zotenhaft', nach dem griech. Dichter Sotades (3. Jh. V. Chr.).

145 Von Piero della Francesca (1420–1492) stammt der Freskenzyklus *La Leggenda della Vera Croce* (Die Legende des wahren Kreuzes) in der Kirche von San Francesco, Arezzo.

146 KW besuchte von Jugend an Italien immer wieder und lebte dort über längerer Perioden in den Jahren 1922–25, 1931/2 und 1934–1938.

wird mir, dass jene undokumentierte Familiensage, die Ahnen seien vor einem Jahrtausend aus Lucca nach Mainz gewandert, wirklich stimmt, Italien war mir immer und bleibt mehr als bloße Wahl-Heimat.[147]

Neulich gab es da, wo ich jetzt boarde (ich habe wieder einmal meinen Unterstand gewechselt)[148] etwas, das wurde Spaghetti genannt. Aber die bloße Bezeichnung machte es mir zum wehmütigen Leibgericht. Und die Tränen ersetzten den Sugo.[149]

Aber ich sehe, ich muss aufhören, die Gefahr der Sentimentalität ist kaum mehr zu überwältigen. Immerhin Ihr ahnt, wie es mit mir steht, Otti und Paul, wann sieht man sich wieder einmal oder noch einmal oder zum letzten Mal? Schreibt wenigstens wieder, auch wenn die Antwort ansteht und keine sehr glitzrigen Schwingen entfaltet. Ich brauche solchen Anhauch, gelt! In herzlicher Gesinnung mit allen guten Wünschen und Hoffnungen für Euch

immer Euer

[hschr.] Karl Wolfskehl

Als Paul Binswanger im August 1944 einen Antrag stellte, man möge in Zukunft darauf verzichten, dass er Privatschüler, die bei ihm Deutsch lernen wollten, bei der Polizei melden müsse und diese zu ihrer Absicht verhört werden, schrieb Reuel Lochore abermals einen Bericht, in dem er sich zu Paul Binswanger, zu seiner Persönlichkeit und seiner Haltung gegenüber Neuseeland kritisch äußerte. Der Bericht, des wohlinformierten Zensors, der die Auslandspost der Binswangers überwachte, gibt abermals Einblicke in deren Lebenssituation und vor allem in ihren mit dem nahenden Kriegsende immer drängenderen Wunsch, Neuseeland zu verlassen und nach Europa zurückzukehren, wo der inzwischen fast 48jährige Paul Binswanger hoffte, seine schriftstellerische Arbeit besser fortsetzen und auch beruflich noch einmal Fuß fassen zu können. All dem stand Lochore nur mit durchaus missgünstigem Verständnis gegenüber:

P. F. Binswanger[150]

Since alien's mother arrived in New York from Germany (1.6.42) alien has had no further contact with persons in enemy territory, except in so far as he shared in his wife's Red Cross messages. *[...]*

---

147 Vgl. das der Wahlheimat Italien gedenkende Gedicht „Das Zweite Fenster: Appellation" in dem Zyklus *Mittelmeer oder Die Fünf Fenster* (*GWI*, S. 180).

148 Wolfskehl hatte im Mai 1944 eine Unterkunft als Boarder in 24 Kenyon Ave. bezogen, wo er etwas mehr als ein Jahr blieb.

149 Ital. „[Tomaten-]Sauce".

150 Der anonyme, doch durch die Handschrift Lochore eindeutig zuweisbare Bericht ist undatiert und dürfte ca. im August 1944 niedergeschrieben worden sein (Archives New Zealand AL 17214).

Alien writes very regularly to his mother, Mrs Ellen Binswanger in New York. The mother arrived there penniless and almost friendless, and a few months later she suffered mental collapse. In January 1943 a friend, Dr Max MAINZER,[151] wrote that she was suffering from persecution mania, incurable owing to her advanced years, and had been committed to the Metropolitan State Hospital of New York. In May 1943 she attempted to take her own life with drugs. Alien continues to write in his normal tone and sends her what money he can.

Alien's remaining correspondents are either university friends, or ex-students who formerly studied languages with him. Correspondence is practically all in English, the imperfection of which (in the light of alien's academic qualifications) reveals his lack of interest in English language and literature.

Alien's Dante translation was not accepted by American publishers, and in the end part or whole of the manuscript was apparently lost. Alien is now making slow progress with "a comprehensive work on the introduction between language and science", to be entitled "The Language of Language". Mrs Binswanger recently forwarded to an American publisher a manuscript to be entitled approximately "Tragedy of a generation", dealing with the mental vicissitudes of German youth between the World Wars. We have not read the full text, but doubt whether prospects of publication are as good as Mrs Binswanger herself imagines.

This year alien has written twice to Prof. Benedetto Croce, Naples, the eminent Italian philosopher who is closely associated with the formation of the New Italian Government. Alien claims to have had some association with Croce during his residence in Italy (1933–38); he states that because of their great attachment to Italy he and his wife desire to return there and assist in reconstruction. He asks Croce to give him some indication of a means of helping, but insists that he is not looking for a well-paid position.
Alien's financial position is difficult. Apart from the maintenance of his mother *[...]* Alien's great desire is no doubt to save the fare to England and Italy. The following quotations from recent correspondence illustrate alien's attitude to New Zealand and his future plans: -

a) To Croce, 12.6.44: "as soon as opportunity offers we intend to leave for London where I need badly the libraries to speed up the completion of my language work. But even the time there shall not be unduly extended as all the sails of our mind are set for Italy."
b) To mother, 18.6.44: Our citizenship business is still very disappointing.[152] This is very different from the very things are handled in America. But if it cannot be settled here for the time being we will proceed with it in England."

151 Dr. Max Mainzer (1872 Heppenheim-1952 New York.) 1899 Facharzt für Orthopädie, Frankfurt, 1933/34 ‚Schutzhaft', 1939 Emigration USA.

152 P. Binswanger hatte einen Antrag auf Einbürgerung gestellt, der jedoch – wie alle solche Anträge – während des Krieges abgelehnt wurde.

c) To Miss L.A.C. Rogers, ex-pupil now in Sydney, 20.6.44: "When you look back you will easily discern the dullness and sluggishness – and the conceit – that are prevailing here in educational matters."

d) To Miss M. Mitchell, a N.Z. friend now in London who offered to facilitate his departure for England, 20.6.44: "Increasingly impossible for me to get on here either with my work (no adequate library, no contact with adequate professional colleagues), or with the teaching of languages (poor reward, practical abolition at the schools and university). For these and other personal reasons our transfer being urgent. We firmly intend to become British citizens but cannot wait till they give it to us here. Our residence in England will be limited in time as we intend to join an English cultural organization in liberated Italy where I have very close relations, Ben. Croce and many of the young teachers and university professors."

The above passages contain criticism that is undoubtedly outspoken, but we would not call it malicious; in fact we think that most of it is justified. But the point is that New Zealanders are not prepared to accept such criticism from an outsider: a youthful and somewhat thin-skinned community like ours can learn only from the measured and constructive criticism of those who identify themselves unreservedly with the social and cultural life of that community. It is symptomatic that alien choses for his research a subject that not only has no connexion with our own philological problems, but cannot even be studied adequately in this country. We would conclude that since alien has no future in this country, it might be well to take any steps that would facilitate his departure.

One such step would be to enable him to earn more money, and we should think that a relaxation of the language-teaching restrictions would undoubtedly have this effect. In the light of what is now known of alien, is seems doubtful whether any appreciable security danger is involved in his teaching German to disaffected British subjects; and if Binswanger's political attitude is still obscure, we would suggest that he be asked to supply a copy of his wife's manuscript, which will undoubtedly throw much light. What is certain is that alien is on the one hand not a rogue, but possessed of certain sterling human qualities despite his conceit; and is on the other hand a very unfortunate and unhappy human being, whose misfortune can be to some extent alleviated by offering him the opportunity of earning more money.

Obgleich der Schlusssatz Sympathie für Paul Binswangers Dilemma zeigt, so ist Lochores Bericht doch eher von Misstrauen, ja Missgunst geprägt: kleinlich sein Tadel des Englisch von Binswanger, dessen beachtliche sprachliche Kompetenz seine zahlreichen Eingaben an die Behörden bezeugen, und nicht ohne Schadenfreude der wiederholte Hinweis auf die Ablehnung von Binswangers Dante-Übertragung und die in Lochores Augen schlechten Publikationsaussichten für Otti Binswangers Studie „The Story of a German Generation", *die er zudem auf ihre politische Tendenz überprüft wissen wollte. Nicht weniger engstirnig ist der Vorwurf gegen das Thema von Paul Binswangers sprachphilosophischer Arbeit, das mit den philologischen Problemen des Exillandes nichts zu tun habe. Kritische intellektuelle Immigranten waren für den Zensor unerwünscht, selbst wenn er deren Kritik als durchaus berechtigt anerkannte. Der Bericht lässt ahnen, welcher fremdenskeptischen und antiintellektuellen Haltung man in dieser Zeit in Neuseeland konfrontiert werden konnte.*

Otti Binswanger wurde gebeten, ein Exemplar ihres Manuskriptes bei der Behörde vorzulegen, was sie jedoch ablehnte, da sie nur noch eine einzige Kopie des Manuskriptes besaß, das sie nicht aus der Hand geben wollte. Ihre Sorge über einen möglichen Verlust, war durchaus verständlich in Anbetracht der damaligen postalischen Risiken; ihr Buch ging tatsächlich spurlos verloren, keines der offenbar nur sehr wenigen Exemplare blieb erhalten.

Geradezu ein Gegenbild zu Lochores Bericht gibt Otti Binswangers Brief im Oktober 1944. Er ist der früheste erhaltene ihrer Korrespondenz mit Wolfskehl und zugleich der erste, in dem sie nach Jahren wieder die deutsche Sprache benutzte. Dieser Brief verrät mit welcher Energie sie ihre Fühler nach Europa ausstreckte, getrieben von neu erwachter Sehnsucht nach der so lange vermissten europäischen Kultur und Kulturlandschaft und nicht zuletzt dem Wunsch, den Geschwistern wieder näher zu sein:

Christchurch, 7th October 1944.[153]

Lieber Karl. Ihr Brief, der im Juli kam liegt nun schon viel länger unbeantwortet als er sollte, und als wir beabsichtigten. Er hat uns über Tage erfüllt mit der Kraft und Schönheit seiner Sprache und der Freude über all das was Sie uns sagten. Paul hat Marjorie Ihren Brief in Teilen übersetzt, und gestern kam Brassington[154] der ein sehr guter immer hilfsbereiter Freund für uns ist, und auch ihm musste Paul einiges übersetzen, was er sich in einigen Sentenzen getreu in sein Taschenbuch übertrug. Ja Karl, es ist ein schweres Suchen heute nach gutem Deutsch welches hin zu den Dingen rührt, und Sie werden verstehen wie stark Ihr Gruß uns in jedweder Hinsicht erfreute. Alan Brassington sagte: Dr. Wolfskehl ist der hoch zivilisierteste Mensch dem ich begegnet bin, während mein Leben immer nur im provinziellen schwimmt. Er hat Ihnen vor langer Zeit, ich glaube es muss in den Wochen Ihrer Krankheit gewesen sein, seinen kleinen Band Sonette geschickt und ich glaube er war etwas traurig, dass er niemals etwas darüber gehört hat. Ich habe natürlich die Situation erklärt was er wohl auch verstand aber ich bin doch sehr erfreut wie warm und tief seine nicht erkaltende Sympathie für

153 Msch. Brief OB an KW 7.10.44 (DLA NZ 71.1); der Brief ist veröffentlicht in *Br II*, S. 527–530.

154 Vgl. S. 50 Anm. 114.

Sie sich ausdrückt.[155] Ich freue mich, dass ich auf Ihrem Absender wieder den persönlichen Namen von Menschen finde[156] von denen ich weiß dass sie Ihre Freunde sind.

Ja, Karl, wir sind wieder einmal tief im Planen Hoffen Tun und beinahe schon Formen an einer neuen Zukunft die so viele Jahre nun schon in uns ruhelos arbeitet. Marjorie hat Ihnen schon davon erzählt und wir sind bereits wieder einmal mit einer Application unterwegs. Die Trennung von Juliet dem Kind und Marjorie kann nicht für lange sein. Wir beide oder besser alle vier von uns fühlen dass wir in den fast 4 Jahren etwas erbaut haben was nach Fortsetzung verlangt. Juliet ist nicht in irgendeine blinde Kindheitsetappe getreten als sie uns verließ, ihre Sinne und ihr Wissen haben sich in jener Linie, die auch Sie fühlten, nur weiter geformt und sprechen von einer außerordentlichen Person die tief und wunderbar mit der Erde und all ihren lichten Geistern verbunden ist. Körperlich hat sie sich nach kurzer Zeit des leidvollen Heimwehs wunderbar entwickelt, sie hat ihren Kummer überwunden ohne zu vergessen und baut sich eine neue Nähe aus ihrer tiefen Erfahrung. Marjorie hatte Ihre Adresse nicht, dies ist der Grund, dass sie Ihnen noch nicht geschrieben hat. Sie wird es tun, es vergeht kaum ein Brief in dem sie nicht von Ihnen spricht. Ja, wir möchten für eine Zeit nach England wo Paul für die Arbeiten an seinem Sprachwerk die großen Bibliotheken braucht,[157] wo wir unseren Weg nach Italien vorbereiten müssen. Pauls Brief an Benedetto Croce blieb bis heute unbeantwortet aber man weiß natürlich nicht ob der Unser[e] ankam. Sie haben unser Haus in Florenz nicht gekannt am Fuße von Settignano im großen Podere der Waterfields unter dem Poggio Gherardo mit seinen schweren Zinnen. Auch seine Besitzer machen für ihn den Anspruch, die Stätte des Decameron zu sein. Dieses Haus wo wir lebten unterhalb dem Castell liegt breit und weit mit kleinem Turme über das Land schauend inmitten der gradezu überlastenden Rosenfülle die literatur-liebende Engländer seit einigen 50 Jahren an dieser Statte cultivierten.[158] Es ist alles herrlich und so einfach. Dieses Haus das wir verließen als Mussolini uns des Landes verwies, grüßte uns in der Februar-Sonne lange noch als uns der Zug via Rom nach Neapel trug. Jahrelang war das Haus unter einem Nebel in meiner Erinnerung

155 Wolfskehl schrieb am 20.10.44 (DLA) an A. Brassington und dankte ihm nochmals für die die Sonette, die er 1943 erhalten hatte; ein früherer Brief sei offenbar verloren gegangen: „your graceful bunch of sonnets, sparkling and glittering are a world of beauty – a world we can recall now only by dreams and imagination. That precious volumette found, and will always keep, a preferred place amongst my books.“

156 Gemeint ist die Postadresse bei der Familie Blumenfeld.

157 Paul Binswanger konnte seine, im Bericht von Lochore erwähnte sprachwissenschaftliche Arbeit *The Language of Language* auch nach der Rückkehr nach Europa nicht abschließen.

158 Zu diesem Haus vgl. „A Virgilian fantasy Janet Ross' Poggio Gherardo“, in: Kathie Campell, *Paradise of Exiles. The Anglo-American Gardens of Florence*. London 2009, S. 49–57.

den ich nur unter Schmerzen lüften konnte. Ich habe nicht geglaubt, dass plötzlich dieses Haus wieder so wach in meiner Vorstellung werden könnte, dass es mich begleitet wie der Geist eines fernentschwundenen. Wenn ich in den Morgenden mein Haus ordne hier, dann ertappe ich mich, dass alle meine Griffe dort oben im „Belvedere" geschehen; ich richte die Zimmer ein und plane wie wir das Haus wieder zu unserer eigenen Welt werden lassen können. Wir konnten diesen Ruf eines Hauses, welches ein Heim für uns war, nicht unbeantwortet lassen. Wir schrieben an seine alte Besitzerin in England und erwarten nun ihre Antwort ob sie es uns wieder überlassen will. Dort werden wir mit Marjorie und Juliet leben und vielleicht je nach Geldmangel oder Überfluss mit einigen paying guests aus England wohl selected, nur Menschen die aus ihrem eignen Vorrat eine Arbeit tun nicht von uns und unsern Kräften leben wollen. Möge die Wartezeit bald vorüber sein.[159]

Die Spannung all der Vorbereitungen von denen wir noch nicht wissen wie weit sie erfolgreich sein werden für die nächste Zukunft lassen mich nicht mehr zu irgend einer wirklichen Arbeit kommen. Dieser Zustand ist hart zu ertragen, die Wochen laufen schnell und man möchte sie besser nutzen. Mein Buch „The story of a German Generation" liegt nun bei zwei Verlegern. Einmal bei Dutton in America der sich sehr zu interessieren scheint und bei Gollanz der es durch Marjorie bekam.[160] Ich weiß noch nicht was diese ausbrüten werden. Ich würde mein Buch viel lieber in England denn in Amerika wissen, denn ich habe es für die englischen Leser geschrieben. Die Amerikaner sind mir fremd und alles was ich lese bringt sie mir nicht viel näher. Wenn wir in absehbarer Zeit gehen sollten Karl, so hoffen wir, und es ist sehr wahrscheinlich dass unsere Reise über Auckland ginge. Dann würden wir mit Ihnen zusammen sein, und ich würde Ihnen mein Buch vorlesen. Ich hätte es von Anbeginn gerne getan.

Die große zerstörerische Lawine Karl geht nun über Landschaften und Städte unsrer stärksten Erinnerungen. Schon zu lange lebten wir Exiles allein mit dem Geiste dieser Plätze der sie einstmals belebte. Ihre materielle Zerstörung ändert daran kaum etwas. Ich weiß nicht ob es Ihnen anders darin geht. Ich glaube dass der letzte Zusammenbruch nicht mehr fern ist. Die ersten Monate Kampfes auf deutschem Boden mussten noch einmal einen stärkeren Widerstand hervorrufen, aber ich glaube er wird nicht standhalten wenn in kurzem auch diese Novität der Propaganda abgebraucht sein wird. Im Grunde werden die Alliierten für die verwüsteten Menschenschicksale die einzige lindernde Hilfe sein die zu erwarten ist. Im übrigen glaube ich kaum dass der brennende Eifer sich in Guerillaverbände einzutragen[161]

159 An dieser Stelle war der Brief wohl unterbrochen und später wieder in die Maschine gespannt worden.

160 Keiner der beiden angesehenen Verlage veröffentlichte das Buch; das Manuskript, für das Otti Binswanger noch in den 1950er Jahren Verleger suchte, scheint verloren gegangen zu sein.

161 Ein hier folgendes ‚nicht', wohl ein Versehen, ist gestrichen.

übermäßig stark sein wird. Welch ein neuer Bluff, der nur insofern etwas sinnvolles darstellt als damit am Ende die Deutschen die sich moralisch erhalten haben selbst die Pest ihres Landes auszuräuchern aufgerufen werden. Seit langer Zeit habe ich *[k]*einen deutschen Brief geschrieben und ich gestehe mit Schrecken dass ich über manche Brücke gehen musste um meine Worte zu finden. Das ist eigentlich eine Schande. Ich werde Ihnen schreiben sobald sich in irgend einer Richtung etwas entscheidet. Wir hoffen der Frühling findet Sie nach des Winters langer Not in guten Kräften und haben Sie soviel Dank für Ihren Brief.

[hschr.] Ihre Otti B.

Marjorie war während des Sommers nicht in London wegen der Flying Bombs, sie wird aber Ernst Gundolf aufsuchen sowie sie wieder in London sein wird. Ich nehme an sie ist wieder im Hampstedt.

Der Brief ist erfüllt von der drängenden Sehnsucht Otti Binswangers nach Europa zurückzukehren und an das Leben in Florenz wieder anzuknüpfen, das sie 1938 aufgeben mussten. Obgleich sie schreibt, dass sie kaum mehr zu eigener „wirklichen Arbeit“ *komme, trat Otti Binswanger gerade zu dieser Zeit als Künstlerin und Schriftstellerin hervor. 1945 fand sie nicht nur mit ihren Erzählungen* "And How Do You Like This Country?" Stories of New Zealand *einige Anerkennung, sondern sie wurde auch zur Jahresausstellung der führenden Künstlergruppe des Landes* The Group *eingeladen, wo sie vier ihrer Tonskulpturen ausstellte.*[162]

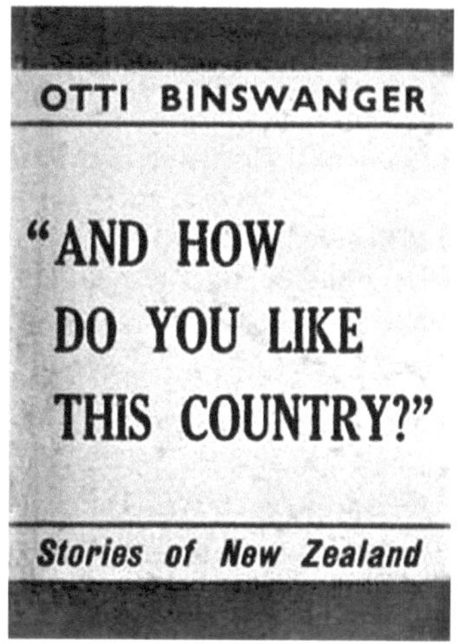

162 Vgl. hierzu Livia K. Wittmanns Nachwort „Living Without Regrets“ zu Otti Binswangers Erzählungen (Vgl. S. 8 Anm. 25, S. 101–107).

Mit einem Exemplar des Bandes mit ihren Erzählungen brachte sich Otti Binswanger, nachdem man längere Zeit nicht mehr voneinander gehört hatte, bei Karl Wolfskehl in Erinnerung, der ihr dafür im Februar 1946 dankte und seinerseits über sein Ergehen und Schaffen berichtete:

Dr. Karl Wolfskehl[163]
38 Grange Road
Auckland, 28.2.46

Liebe Otti,
nein, ich bin weder faul noch gleichgültig. Nachlässig nur in dem Sinn, dass alles Mögliche nachzulassen beginnt. Dazu bringt diese Riesenschlange von Sommer allerlei Gebresten, und man wird sommersiech in jedem Verstand. Das entschuldigt nicht, aber es erklärt doch die überlange Pause an sich, sie nun noch zwiefach abscheulich, weil selbst Ihr erfreuliches Geschenk ihr nicht gleich eine neue Melodie entlockt. Lassen Sie mich wegen alledem mit Mephisto anmahnen: „bedenkt der Teufel der ist alt!".[164] Tun Sie das, Otti! Und glauben Sie mir trotzdem, dass das Büchlein mir eine rechte Freude gemacht hat.[165] Viel anmutiger Humor lächelt verständnisvoll darin, viel gute Beobachtung macht die einzelnen Skizzen lebensvoll, und eine ausgesprochene Kraft des Schilderns gibt ihnen die spezifische Gestalt. Ich möchte wohl wissen, wie weit sie bei Hiesigen anklingen.[166] Habe allerdings gar keine Anschauung von der Art des Konsumierens, und ob sich ein gewisser Geschmack ausgebildet hat. Eigene Beobachtungen kann der Exul bei fortschreitender Vereinsamung kaum anstellen. Mrs. Richard[167] hat, wie ich weiß, ausführlich mit Ihnen über Ihre Sammlung korrespondiert. Ich wüsste gern, was man in Christchurch, der, wie man mich immer wieder versichert, kulturell und sonderlich literarisch höchststehenden Sphäre dieser Inseln, über das Buch denkt. Dort war und ist es, denk ich, wohl ein Tagesgespräch.

Dass wir uns nie wieder persönlich treffen! Ich habe solche Zeitlang[168] nach Ihnen, kann es kaum glauben, dass die unvergesslichen Wochen des Zusammenseins nun schon volle fünf Jahre zurückliegen. Wie herrlich

---

163 Msch. Brief KW an OB 28.2.46 (DLA 71.463/13); der Brief ist veröffentlicht in *Br II*, S. 530–532 Nr. 248.

164 Vgl. Goethe, *Faust. Der Tragödie zweiter Teil*, Vers 6815 ff.

165 *"And How Do You Like This Country?"*

166 Die Erzählungen wurden durchweg positiv besprochen und waren bald vergriffen.

167 Pia Richards, eine Tochter des britischen Schriftstellers Maurice Henry Hewlett (1861–1923), gehört zum engeren Freundeskreis Wolfskehls in Auckland; sie besuchte ihn über viele Jahre zwei Mal wöchentlich, um ihm vorzulesen.

168 Hier in der süddeutsch-österreichischen Bedeutung statt hochdeutsch >Sehnsucht<, wie sie noch das Grimmsche Wörterbuch kennt.

war es damals, nach einer etwas verquerten Schlummerzeit auf Ihrer prolongierten Ottomane, in das morgendliche Teegespräch aufzuwachen. Alsdann Pflaumen zu stehlen und die Schwarzpappel zu genießen. Ist die Trockenheit dortzuland auch so lästig wie hier, wo sie die Gärten florentinisch dörrt, den Farmbetrieb gefährdet und wegen der Unmöglichkeit der Beibehaltung des pachydermen[169] Viehbestands den Schweinsbraten zum täglichen Dinnergang bereitstellt? Tät mir leid, zumal wegen der prächtigen Alpenflora im Botanischen Garten.

Bekommen Sie jetzt Nachrichten aus dem uns meist angehenden Teil Europas? Mit der Schweiz war ich ja in nie abgerissener Verbindung, aber jetzt kommt, auch in unregelmäßigen Abständen freilich, Kiech[170] zu Worte. Dort ist alles in, wie es scheint, grade noch erträglicher Enge beisammen. Nur der Älteste, der Alois, wahrscheinlich in russischer Gefangenschaft, lässt nichts von sich hören. Die Judith aber glaubt zuversichtlich, er werde eines Tags wieder bei ihnen sein. Neben der Familie noch eine Anzahl Hausgenossinnen, darunter Herlinth, Schwester der Rune. Von Rune selbst spärliche, aber nicht ungute Nachricht. Dass Ernst Gundolf '45 starb, wissen Sie wohl. Das Haus der Gundölfe in Darmstadt wie der größte Teil dieser Geburtsstadt völlig zerstört, nur einige Außenbezirke scheints erhalten. Sonstige Nachrichten aus dem Vierzonenland nur in gedruckter Form. Keiner von früher hat sich bis jetzt an mich gewandt, ist auch sehr gut so. Unüberbrückbar dieser Abgrund. Was man gedruckt erfährt, lautet arg genug. Im „Horizon“[171] war neulich ein ausführlicher Bericht von Stephen Spender, bes. auch über seine Gespräche mit Ernst Robert Curtius, einem von mir auch heute noch sehr verehrten Freund, einer der ganz Wenigen, von deren Integrität ich voll überzeugt bin, und der lautete bedrückend genug. C. scheint erschöpft und trostlos. Seine berühmte Büchersammlung gibt er stückweise ab. Auch von dem anderen Curtius, dem Archäologen in Rom, kam Nachricht. Er sandte ein Gedrucktes, die Dankrede bei der Feier seines 70sten (im Schwedischen Institut dort abgehalten), grüsst darin in einer überlangen Liste alle Freunde über die ganze Welt hin und freut sich auch sonst, wie es seiner aus Behagen gestimmten Natur entspricht, voll Kinderglaubens an die Fortdauer der Humanitas, seines Erdenwallens. Rom hat sich ja offenbar auch nach innen hin einigermaßen aus dem turmoil gesaved. Lassen wir der Ewigen Stadt dies Privileg der Zeitlosigkeit!

---

169 griech. „dickhäutig“.

170 Gemeint ist der Wohnsitz der Familie Wolfskehl in Kiechlinsbergen, wo Hanna Wolfskehl bei der Tochter Judith lebte und den Otti Binswanger von einem früheren Besuch her kannte.

171 Gemeint ist der Aufsatz "Rhineland Journal", *Horizon*, Vol XII, Nr. 72, December 1945, S. 394–413.

Neben manchen andern Cyklen ist auch der, von dem Sie beide einen Teil zur Kenntnis nahmen, das Mare Nostrum[172] mein ich, nun endgültig und ne varietur. An eine Veröffentlichung denk ich nachgerade, wenn auch nicht sehr dringend. Was von meinem Neuen inzwischen an verschiedenen Orten, selbst in Australien, herauskam, sind bloß Stichproben. Ist Euch etwas zu Gesicht gelangt? Für Neuseeland bleib ich nach wie vor ein Anonymus, und das ist gut so.

Wie geht es mit Euren Plänen, was arbeitet Paul? Gebt mir doch wieder einmal Nachricht, dass der Faden nicht abreiße! Ich gedenke Eurer stets in herzlicher Gesinnung, oft in Sehnsucht! Reisepläne?

Goldige Otti, bleiben Sie mir gut.

Immer Ihr

[hschr.] Karl

[hschr. MR] Die Margot grüßt sehr!

Die Freundlichkeit des Briefe kontrastiert etwas mit Wolfskehls Bemerkung über seine Wiederbegegnung mit den Binswangers in einem Brief an Hanna, mit der er ab Juli 1945 wieder in brieflichem Kontakt stand. Anlass war das Erscheinen von Otti Binswangers Erzählungen, die er – ebenso wie ihre Tonskulpturen – gegenüber Hanna freilich recht herablassend bagatellisiert: „Die Otti Binswanger, nee Lilienthal hat grade ein Buch herausgegeben, ‚ganz nette' Geschichtchen. Sie ist überhaupt ambitiös geworden, hat schon vor ein paar Jahren entdeckt, dass sie eigentlich Michelangelo oder -a heißen müsste und plastelliert drauflos. Ich habe vor etwa vier Jahren dem ja sehr berechtigt gewesenen Spannungszustand ein Ende gemacht, nachdem er zwölf Jahre gedauert hatte und sich ja auch nur auf ihn bezog. Die Otti hatte ich ja immer ganz außergewöhnlich famos gefunden. Ich habe die beiden '41 in Christchurch einer Stadt auf der andern Neu Seeland-Insel, wo sie ebenso kinderlos wie gesellig angesiedelt sind aufgesucht und es ließ sich ganz gut an. Er ist wie er nun ist, na und so weiter."[173]

In seinem Brief, einem der letzten an Hanna, die im März 1946 starb, mag auch ein wenig die Enttäuschung darüber mitschwingen, dass er als Dichter in Neuseeland doch weitestgehend unbekannt geblieben war.

Die Pläne der Binswangers Neuseeland zu verlassen, erwiesen sich als äußerst schwierig. Ohne gültigen Pass, mussten sie sich zunächst um eine Einbürgerung in Neuseeland bemühen. Dies verzögerte alles, zermürbte und beeinträchtigte auch den Briefwechsel mit Wolfskehl, der bei ihm wie ihr zudem hinter den

172 *Mittelmeer oder Die Fünf Fenster* (*GW I*, S. 178–193).

173 An Hanna Wolfskehl o.D [ca. Jahreswende 1945/6], DLA)

anwachsenden Briefaustausch mit Europa und Deutschland trat. Erst zum Jahresende antwortete Otti Binswanger mit einem eingehenden Bericht auf Wolfskehls Brief vom Februar:

Christchurch den 29. Dezember 46.

Mein lieber Karl.

Das kommende neue Jahr gemahnt mich wie unendlich lange es her ist, dass Sie von uns hörten. – Wir waren tatsächlich seit letztem Januar unendlich oft auf dem Sprunge, Sie in Auckland zu sehen, verbunden mit unserer Einschiffung nach England. Sie wissen, dass wir seit mehr denn 3 Jahren planen zu gehen und seit zwei Jahren kämpfen fortzukommen. Durch dieses Jahr 46 wurden wir durch Versprechungen und Enttäuschungen getrieben die im allerletzten Augenblick mit einem völligen Fiasko endeten. Nun haben wir für den Augenblick alle Pläne aufgesteckt, zumal da die Zustände in England keineswegs einladend sind. Bei meinen verschiedenen Besuchen in Wellington bezüglich unserer Naturalisation und Pass lernte ich im übrigen den Mann kennen der während des ganzen Krieges hinter dem Vorhang über uns gewacht hat, der wahrscheinlich die Ursache war, dass Sie keine Postkarten innerhalb Neu Seelands schreiben konnten, und

Christchurch, den 29. Dezember 46[174]

Mein lieber Karl.

Das kommende neue Jahr gemahnt mich wie unendlich lange es her ist, dass Sie von uns hörten. – Wir waren tatsächlich seit letztem Januar unendlich oft auf dem Sprunge, Sie in Auckland zu sehen, verbunden mit unserer Einschiffung nach England. Sie wissen, dass wir seit mehr denn 3 Jahren planen zu gehen und seit zwei Jahren kämpfen fortzukommen. Durch dieses Jahr 46 wurden wir durch Versprechungen und Enttäuschungen getrieben die im aller letzten Augenblick mit einem völligen Fiasko endeten. Nun haben wir für den Augenblick alle Pläne aufgesteckt, zumal ja die Zustände in England keineswegs einladend sind. Bei meinen verschiedenen Besuchen in Wellington bezüglich unserer Naturalisation und Exitpermit lernte ich im übrigen den Mann kennen der während des ganzen Krieges hinter dem Vorhang über uns gewacht hat, der wahrscheinlich die Ursache war, dass Sie keine Postkarten innerhalb Neuseelands schreiben konnten, und der heute mit der Naturalisation betraut ist. Dr. Lahore.[175] Sein Dr. ist von Bonn, wo er ein Schüler von Ernst Robert Curtius war und ein begeisterter Liebhaber Deutschlands ist. Er ist infolge oder trotz seines hohen Dr degrees hier nichts geworden als Chefzensor und Schullehrer und nun Beamter im Internal Affairs. Cultiviert und sympat[h]isch schaut ihm der verhinderte Gelehrte und Neurotiker aus den Augen. Leute wie Sie und wir interessieren ihn, aber es scheint seine einzige akademische Genugtuung zu sein, seine Macht über uns zu praktizieren. Er hat unsere Naturalisation verhindern wollen, weil er weiß, dass Leute wie wir „hier doch nicht glücklich werden können." Wir hatten sie aber als ich im July ein nervenzerrüttendes Gespräch mit ihm hatte nach 3 Tagen.[176] – Aber das Exit bekommen wir nicht vor Juli dafür sorgt der Herr trotz Einspruch des Ministers. –[177]

Ich schreibe Ihnen alles dieses, damit sie verstehen warum wir uns so in Schweigen hüllten. Wieder + wieder Karl versuche ich dieses Land zu lieben und ihm Wirklichkeit abzutrotzen wieder und wieder bin ich erfolglos.

---

174 Hschr. Brief OB an KW 29.12.46 (DLA NZ 71.1).

175 Gemeint ist Reuel Anson Lochore.

176 Es war wohl Zufall, dass sowohl Paul Binswangers wie auch Karl Wolfskehls Certificate of Naturalisation am gleichen Tag, dem 12.7.1946 ausgestellt wurden. Otti Binswanger wurde dann als Ehefrau von Paul im August ebenfalls naturalisiert.

177 Eine ähnlich unerfreuliche Erfahrung mit Lochore hatte auch ein anderer Refugee, Fred Turnovsky, der darüber in seiner Autobiographie *Turnovsky. Fity Years in New Zealand* (Wellington 1990) eingehend berichtet (S. 89–96).

Das Elend Europas, die Confusion und die gedankenlose Bürokratie Englands, die völlige politische + wirtschaftliche Demoralisation Amerikas lies mich lange hoffen dieses Eiland könnte zu etwas wachsen, was Zukunft und Leben trüge. Ich glaube nicht mehr daran. Die Apat*[h]*ie gegen das Leiden, der Mangel an Einsicht betreffs einer sinnvollen Immigration, die Uniformierung in Erziehung und Leben, lassen mich immer mehr am N.Z. zweifeln. Es ist nich*[t]* mein Klima, nicht mein Land. Ich habe 8 Jahre mit diesem Lande gerungen ich kann nicht bleiben.

Mein alter Plan mit Italien, dort in der Toskana mit einigen Englischen Freunden eine Schule, ein Haus zu haben ist wieder voll aufgeblüht. Es mag Ihnen völlig idiotisch erscheinen, aber es ist da und spricht und ruft stärker von Tag zu Tag. Glauben Sie, dass es für Leute wie uns noch Ämter und öffentliche Stellungen gibt? Glauben Sie, dass Menschen die mit einem Bewusstsein, dass*[!]* das Vorhitler Deutschland erzogen hat in die Administration dieser Welt die mit der armseligen Conzeption, ihres „Sozialismus" sich in die Dürre der Regimentierung verrennt, hineinpassen? Der Anblick der Welt ist angetan jegliches Schaffen in Frage zu stellen, und den Sinn unserer Generation als Null + Nichtig zu erklären. Wir alle stehen wirklich und diesmal vielleicht zum allerletzten Mal an dem Scheidewege. – Nein, wir haben zu schaffen. Keine Bedingung für das Schaffen sind*[!]* sichtbar erfüllt, alles spricht gegen seinen Sinn und dies gerade heißt uns schaffen. In diesem Wust*[?]* von falschen Gruppen und Communistic*[?]* Ideen noch einmal ganz allein und scheinbar verlassen die Kraft besitzen dennoch zu tuen was uns bestimmt ist, diese Kraft erzwingen, erflehen, erbeten, ich glaube das ist das große Entweder Oder. –

Schiller in einer seiner historisch-philosophischen Schriften weißt*[!]* nach, dass die politisch miserabelsten Perioden immer die wichtigsten Kunstepochen mit sich führten. Vielleicht weil der Künstler dann am einsamsten ist. Conjunktur tötet immer alle wirkliche Kunst. –

Wie aber geht es Ihnen? Ich könnte wohl denken, dass Sie eine große interessante Correspondenz über die Welt führen. An Frau Münz schrieben Sie, dass Sie eine Einladung in die Schweiz haben.[178] Ob Sie wohl Pläne machen. Wie geht es Ihrem Herzen? Was hören Sie aus Deutschland?

Ich besitze nun eine Reihe von Briefen die bald wie eine Dokumentensammlung sind*[!]* und darunter manche die beweisen wie tapfer und großartig gerade viele Menschen in jenen Kreisen waren, die eine[n] Riesenprofit wirtschaftlich aus den Hitlerjahren machen konnten, und dennoch an der Riesenuntergrundorganisation ständig tätig waren und ihr Ende tapfer auf dem Schafott fanden. – Von einem Schriftstellerfreunde (nicht wichtig als solcher) höre ich, das die Deutschen Verlage recht wacker Contracte abschließen, von meiner einen Schwester, die von Schlesien vertrieben im

178 KW an Lotte Münz 25.9.46 (DLA).

Teuteburger*[!]* Wald in einer Dachkammer mit ihrer Familie lebt, dass sie die ganze Familie mit ihren kunstgewerblichen Arbeiten ernährt und sich vor Aufträgen die alten Bauernhöfe und ihre Anwohner zu malen kaum retten kann.[179] Es ist alles so unverständlich. Der Hunger und das Frieren sind natürlich schlimmer denn je so die Hoffnungslosigkeit. Wie lange werden noch lebensdumme, vom Menschen nichts wissende, nichts ahnende Politiker ihr Spiel mit dieser armen Welt treiben?

Ich hoffe wirklich auf ein Wiedersehen in 47. Wie viel hätte ich Ihnen zu erzählen, wie viel mit Ihnen zu sprechen.

Paul sendet seine allerbesten Grüße. Er hat sich so vereinsamt, lebt für sich mit dem Lande + der Landschaft, kämpft seinen Kampf. Die geistige Isoliertheit dieser 8 Jahre hat doch irgendwo seine Folgen. Irgendwo wird ja doch die Tür wieder aufgehen. Aber ich kann ihn nicht zum Briefschreiben bewegen –

Wie geht es Margot, bitte grüßen Sie sie sehr herzlich von uns und nehmen Sie all unsere guten Wünsche. Vergessen Sie uns nicht!

Ihre
Otti Binswanger

Soeben lieber Karl, lese ich Ihren letzten Brief vom 28. Febr. (wie grauenhaft lange her). Dort fragen Sie nach meinem kleinen Buch.[180] Whitcombs & Tombs[181] hat die ganze Auflage gekauft. Besprechungen erstklassig wenn auch wenig. Verkauf sehr gut und viele interessante anerkennende Brief*[e]* from all over the Country!

Während Otti Binswanger mit all ihrem Hoffen und ihrer Energie die Rückkehr nach Europa anstrebte, scheint Paul Binswanger eher gezögert und weiter auf eine Anstellung an einer neuseeländischen Hochschule gehofft zu haben.[182] Sie dagegen suchte sich ein Bild zu machen von den politisch-gesellschaftlichen Entwicklungen und dem – wie es ihr schien – widersprüchlichen Leben in Deutschland, England und auf dem Kontinent. Anknüpfend an die Reformideen ihrer Jugend und der Weimarer Zeit schwebt ihr vor, dass für sie und Paul vielleicht doch noch eine ‚Tür aufgeht', um sich als Erzieher, Künstler oder Schriftsteller

179 Vgl. hierzu *Albatros* S. 171f.

180 Otti Binswanger, *"And How Do You Like This Country?" Stories of New Zealand.* Christchurch: Walter Brookes 1945.

181 Dies war die führende Buchhandlungskette in Neuseeland.

182 Vgl. hierzu auch das Kapitel „Eingesperrt" und den Beginn des anschließenden Kapitels „Wieder eine Reise" in *Albatros* S. 149–158.

am geistigen Wiederaufbau Europas engagieren zu können. Gerne hätte sie sich hierüber mit Wolfskehl[183] *eingehender ausgetauscht:*

Christchurch, den 11. Februar 1947[184]

Mein lieber Karl.
Ich hoffe sehr, dass Sie meinen Brief bekamen, den ich an Sie um Weihnachten schrieb. Ich grolle nicht, dass Sie mir noch nicht schrieben, obgleich ich so furchtbar gern von Ihnen ein Lebenszeichen hätte mit der Bestätigung, dass es Ihnen nicht schlecht geht.

Aber ich verstehe zu gut Ihre große Correspondenz und alle die Gründe die ein Schreiben verhindern.

Wir haben wieder Pläne nachdem alle die andern zerschmissen sind und Paul vergebens für die nun eingerichtete Senior-Lecturership für Deutsch in Wellington applied hatte. Wer die Stellung bekam wissen wir nicht. Ich selbst bin nur zu froh dass ich nicht für die nächsten Jahre hier festgehalten werden kann. Wieder gehen unsere Fühler nach Florenz diesmal zusammen mit einer Gruppe Englischer Freunde, und mein ganzes Herz zieht mich ungeheuer gewaltsam wieder dorthin. Aber alles ist noch ganz im Beginnen und beinahe Dunkeln. Ich möchte sehr gern in Fuehlung gehen mit Martha Licht,[185] die doch gewiss noch in Florenz lebt. Haben Sie von Ihr gehört? wenn so, können Sie mir ihre Adresse sagen, ich wäre so sehr dankbar wenn ich bald diese mir im Augenblick so sehr wertvolle Adresse haben könnte.

Lotte Muenz hat verschiedentlich mit Henrich[186] in Italien, bisdahin noch im Kriegsgefangenen Lager nahe Riccione, corresponiert. Er fragt sehr eingehend und interessiert nach Ihnen. Wo er augenblicklich ist wissen wir nicht. Ebenso fragt ein Dr. Jasinsk[187] der Lotte Muenz sowohl wie mir unbekannt ist nach Ihnen, er wohnt jetzt im Hause der Münchhausen[188] in

183 In einem Brief an Marie Buchhold, die in den 1930er Jahren mit dem Nationalsozialismus sympathisierte, erinnerte Wolfskehl sie damals an die ihr bekannte Otti Binswanger und indirekt an deren kompromisslose Ablehnung des deutschen Faschismus: „Sie wohnt, mit einem Juden verheiratet, in einer andern Stadt *[Neuseelands]*“ (*Br II*, S. 922).

184 Msch. Brief OB an KW 11.2.47 (DLA NZ 71.1).

185 Martha Licht (1878–1954) gehörte als Malerin zum Schwabinger Bekanntenkreis Wolfskehls, sie bewirtschaftete dann lange Jahre ein Landgut in den Bergen nahe Florenz. Über Rune von den Steinen kam Wolfskehl nach dem Krieg wieder in Kontakt mit Martha Licht (vgl. *Br I*, S. 355 und *Br II,* 1202).

186 Nicht identifiziert.

187 Nicht identifiziert.

188 Editha von Münchhausen (1884–1949) betrieb in Florenz eine Pension. 1924 unterrichtete Wolfskehl dort ihre beiden Söhne als Hauslehrer. Bis zur Emigration nach Neuseeland frequentierte er immer wieder die Pension, wenn er sich in Florenz aufhielt.

Florenz. Die Letztere ist in Österreich und möchte ihr Haus wieder haben was scheinbar aber sehr schwierig für sie ist.

Verzeihen Sie heute diese Kürze lieber Karl und seien Sie sehr herzlich von uns beiden gegrüßt.

Ihre *[hschr.]* Otti Binswanger

Diesmal antwortete Wolfskehl wenige Tage später:

Dr. Karl Wolfskehl[189]
Grange Road, Mt. Eden
Auckland, 28.2.47

Meine liebe Otti,
Entfernung und Kommunikation zwischen den Städten des Inselpaars liegt, scheints, unter ungünstigerem Stern als nach Gott weiß welchen Punkten in Übersee. Erst jetzt und durch mich müssen Sie's erfahren: ich war im Frühjahr schwer krank, Rekonvalescenz langwierig und mühsam, erst ein vierwöchiger aber diktierferner Landaufenthalt brachte Rückkehr der Kraft.[190] Erklären Sie sich damit auch das eigne Befremden.

Ich bin natürlich schrecklich im Rückstand, auch über die persönliche hinaus ist die ausgedehnte literarische und mancherlei Sachkorrespondenz unerlaubt liegen geblieben. Erzwungene Kürze unvermeidlich – verzeihen, verstehen Sie!

Auf Ihren großen Brief[191] gehe drum schon gar nicht erst ein, so sehr mich im Einzelnen interessiert hat, was Sie dartun, wohin Ihre Absichten gehen, auch was Sie erfuhren.

Dass es Sie hinausdrängt wusste ich ja schon längst. Ich selber obwohl einer Besuchsreise, sei es nach Amerika, wohin die Beziehungen sich dauern[d] erweitern wie vertiefen, sei es nach der Schweiz oder, nur nicht bald, nach der geliebten Wahlheimat,[192] nicht abhold, bin gern und mit vollem Bewusstsein Ansass und Bürger des Landes, dahin mich das Schicksal vor neun Jahren gebracht hat.[193]

---

189 Msch. Brief KW an OB 28.2.47 (DLA 71.463/14).

190 Im neuseeländischen Winter (Juli-September) erkrankte Wolfskehl an einer langwierigen Grippe, die ihn sehr schwächte. Um die Jahreswende 1946/7 hielt er sich zur Erholung über mehrere Wochen bei Bekannten außerhalb Aucklands auf.

191 Gemeint ist Otti Binswangers Brief vom 29. Dezember 1946.

192 Italien vgl. das Gedicht „Das zweite Fenster: Appellatio" (*GW I*, S. 180).

193 Wolfskehl hoffte lange, dass er noch einmal die Schweiz besuchen könnte. Freunde dort bemühten sich um Aufenthaltsmöglichkeiten dort, doch dieser und andere Pläne scheiterten schließlich an seiner nachlassenden Gesundheit (vgl. *Leben und Werk* S. 418–423).

Aber ich verstehe natürlich, wie sollte gerade ich nicht?, Ihren Dauerdrang zum Mittelmeer. Dass ich die geliebte hesperische Pensinsel gerade jetzt noch nicht aufsuchen möchte hat bei mir, dessen Familie, wie Sie wissen, vor fast einem Äon aus dem Toscanischen an den Rhein kam, eher metaphysische Gründe.[194] Ich möchte nicht gern Zeuge des Unglücks und billigen Ausverkaufs sein, der dort sich gerade vol[l]zieht. Allerlei Berichte von dort, die aus andern Gebieten des zersetzten Kontinents *[kommen]*, bestätigen mir wies zugeht. Der, freilich in journalistischer Aufhöhung, doch instruktive Aufsatz Connolly's neulich im „Horizon" führt das im Einzelnen aus.[195] Sie haben ihn sicher im Auge gehabt.

Aber gerade darum freut es, Freunde dort bald zu wissen. Sie müssen mir viel erzählen. Vor allem auch von der geliebten Signora Martha *[Licht]*, mit der briefliche Verbindung besteht. Hier ihre Anschrift: San Silvestro, presso di Castello (Firenze).

Ihr Brief ist dahin abgegangen. Grüßen Sie mir Vignen, Ölbaum und den Campanile! Kommen Sie über Auckland? Ich hoffe doch sehr! Es ist fast de rigueur[196] sich nochmals zu sehen, auch drängt es mich sehr nach einem Frag- und Antwortspiel für Einzelnes und Ausblick.

Dass man „bloss" die Brücken abblies,[197] den Ponte Vecchio sogar als Halbruine stehen ließ, macht Florenz in den Augen der Ahnungslosen, aller also, zu einem pattern von Unberührtheit von Krieg und Ruin. Sie gehen doch gleich in die gute Weinkneipe nächst dem Dom?

Grüßen Sie mir Paul Binswanger herzlich und nehmen Sie, entnehmen Sie diesen Zeilen vielerlei Nettes und Hoffendes für sich selbst!

Freundschaftlichst bin ich

Ihr

[hschrl.] Karl

Wenig später ergab sich für Otti Binswanger, als eine Verwandte nach Neuseeland kam, die lang erwünschte und zuvor mehrfach erwogene Gelegenheit, Wolfskehl in Auckland zu besuchen:

---

194 Vgl. die zweite Strophe von Wolfskehls Gedicht *An die Deutschen* (*GW I*, S. 217).

195 Wolfskehl meint wohl den Essay von Raymond Mortimer „Back to Italy and Greece", der 1946 in der von C. Connolly herausgegeben Zeitschrift *Horizon,* Heft 79, S. 37–51 und 80, S. 122–134 erschien.

196 Frz. hier etwa: ‚gehört sich geradezu'.

197 Als die deutschen Truppen im August 1944 Florenz verließen, wurden alle Brücken über den Arno mit Ausnahme des Ponte Vecchio zerstört.

Christchurch, den 27th II.*[1947]*[198]

Mein lieber Karl.
Seit einiger Zeit habe ich den Plan erwogen im Monat April nach Auckland zu reisen um mit Ihnen zusammen zu sein.

Heute wurde aus der Erwägung ein ganz fester Plan der diesmal nicht durch irgendwelche Kriegsmanöver umgestürzt werden kann. Eine Tochter meines Neuseeländer Vetters George Squire der als junger Mann nach Deutschland kam dort heiratete und starb, kommt am 22. III. in Auckland auf der Rangitata mit ihren zwei kleinen Kindern an, um nach Jahren deutscher Hölle hier bei ihren vielen Verwandten eine Heimat zu finden. Da sie die letzten Monate in Berlin mit meinen Schwestern in meinem Elternhause gelebt hat ist sie mir ein Bote direkter Nachrichten.

Ich werde am Mittwoch den 19. März in Auckland ankommen und bis zum kommenden Sonntag Abend dort sein. Glauben Sie es gibt irgendwo die Möglichkeit eines „shake down"[199] nicht zu weit von Ihrer Behausung? Wenn nicht habe ich den ganzen Mittwoch Zeit um irgendwo unter zukommen. Ich freue mich riesig und hoffe mein Plan ist Ihnen genehm.

Gerade kommen Zeitschriften von Amerika und in dem an sich etwas ungeschickten Aufsatz von Benno Reifenberg[200] über Frankfurt ergreift mich

---

198 Msch. Brief OB an KW 27.2.1947 (DLA NZ 71.1).

199 Hier. eine einfache provisorische Übernachtungsmöglichkeit.

200 Benno Reifenbergs Aufsatz erschien in der *Neuen Zürcher Zeitung* vom 1.12.1946 [im Auszug: *Br II*, S. 1213f.]; über seinen Besuch bei Hanna Wolfskehl in Kiechlinsbergen berichtete er: „Ich war in diesem Sommer im Kaiserstuhl *[...]* Dort besuchte ich eine alte Dame, die ein Schloss aus dem 18. Jhd. bewohnt. Die Dame hat viel gelitten. Der Mann hat nach Neuseeland auswandern müssen, er, ein großer Schriftsteller, hatte damals, 1932, das prophetische Wort gefunden: ›Ein großes Verstummen ist im Anzug.‹ Als ich fortging, begleitete mich die Gastgeberin bis zum Tor, das noch von älteren Fundamenten als das Schloss zeugt. Sie hob die Hand und zeigte mir am Torbogen einen Stein, in den die Jahreszahl 1491 gehauen war. Sie sagte nichts, aber indem sie mir jenen Stein wies, der vor der Entdeckung Amerikas den Meißel spürte, schien sie mir als Abschiedsgruß die einfache Wahrheit >Saxa loquuntur< mit auf den Weg geben zu wollen. Die Steine sprechen, selbst in jenem Verstummen, dessen Annährung der Vertriebene geahnt hatte." Im Jahre 1492 geschahen die epochenprägenden Vertreibungen der Juden aus Spanien und Sizilien. – Es verletzte Wolfskehl sehr, dass Reifenberg seinen Namen nicht nannte, wie er seiner Tochter schrieb: „Es ist ganz deutlich: man will mich nicht mehr, und ich bin überzeugt, meine Rückkehr wäre für viele eine Unbequemlichkeit. Die Maßstäbe sind nicht mehr die gleichen. Und wie sollte ich weiterleben, selbst wenn ich überwinden könnte, was geschehen ist? Ich bin innerlich noch nicht so alt. Wo ich bin, muss ich irgendwo zugehören, eingreifen, mittun. Hier habe ich wenigsten einigen Widerhall" (an Renate Wolfskehl 11.2.47; *Br II*, S. 714).

tief die Stelle wo Hanna Wolfskehl ihm den alten Stein im Ki[e]chlingsberger Schloss weist und die wenigen Worte über sie. Ich sende Ihnen daher das Blatt. Ich hoffe ich höre bald von Ihnen.
Sehr herzlich Ihre

[hschr.] Otti

[hschr.] Soeben kommt Ihr Brief *[vom 28.2.47]*, lieber Karl wie unendlich freue ich mich! In 14 Tagen sind wir beisammen!

Otti Binswanger fand eine Bleibe in dem Haus in dem Vorort Mount Eden, in dem Wolfskehl damals als Boarder lebte[201] *und sie konnten dort vier Tage gemeinsam vor der Ankunft der Verwandten Ottis verbringen. Es waren Tage intensiver Gespräche über persönliche Pläne und die allgemeinen Zeitläufte, während der Otti Binswanger Wolfskehl auch Teile ihrer* Story of a German Generation *vorlesen konnte und beide zum vertrauteren Du wechselten. Ihr Zusammensein mit Wolfskehl schilderte sie in ihrem Essay „Begegnung mit Karl Wolfskehl in Neuseeland":*

Im Jahre 194[7] habe ich ihn dann in Auckland besucht. Er lebte damals nicht mehr mit Margot Ruben zusammen, die ihm aber weiter eine große Hilfe war. Er wohnte in einem schäbigen Bungalow in einem Vorort der Stadt und wurde von seiner Wirtin verpflegt, aber nicht gepflegt. Seine Geldmittel waren im Laufe der Kriegsjahre erheblich geschrumpft, er lebte recht armselig. *[...]* Auch hier in den letzten Jahren in Auckland war er kein Verzweifelter. Er konnte noch immer den Augenblick verklären. Es gab Menschen, die zu ihm kamen um ihm vorzulesen, für ihn zu schreiben, mit ihm zu sprechen, ihm ihre Arbeiten mitzuteilen, darunter Mrs. Richards, die ihm Gesellschaft leistete, Tochter des englischen Schriftstellers Maurice Hewlett, mit den Brüdern Huxley zusammen aufgewachsen.

Ich wohnte in Auckland im selben Hause wie Wolfskehl. Wir nahmen unsere Mahlzeiten gemeinsam ein und waren auch den ganzen Tag über viel zusammen, gingen auf weite Spaziergänge, erstiegen den Mount Eden, besuchten die Teestätten in den Parks. Er erzählte, ließ seinen ganzen Charme spielen in Erinnerungen, Episoden und witzigen Spitzbübereien. Seine unmittelbare Beziehung zur Natur beglückte mich besonders. So wanderten wir einmal eine von Eukalyptusbäumen gesäumte Straße entlang. Sie standen in Blüte. Ich griff über mich und brach einen Zweig. An den graugrünen harten Blättersicheln standen die kleinen purpurnen Puscheln, wohl die zartesten aller Blüten, die an diesem Baum des trockensten, ärmsten Bodens aufgehen. Der kleine Zweig wurde in diesem Augenblick für Wolfskehl zu

201 Dorthin hatte Paul Binswanger am Ankunftstag, den 19.3.47 ein Begrüßungstelegramm für Otti geschickt: „With you everywhere love + Paul" (DLA 71.464/10).

großer Wichtigkeit: er betastete die Blüte, hielt sie vor das Gesicht und erkannte sie bis in ihre intimste Struktur und ihren Ausdruck.

Eines Abends, als das elektrische Licht versagte, saßen wir bei einer Kerze. Es ergab sich aus der Stimmung guten Einklangs, dass Wolfskehl sich zurücklehnte, die blinden Seheraugen fest geschlossen, und sein Gedicht Hiob[202] sprach. Es war eine große Stunde. Welch eine strömende Quelle war dieser Mann, welch ein Vulkan.[203]

Noch ganz erfüllt von der Begegnung und ermutigt in ihren Vorhaben dankte sie ihm nach ihrer Rückkehr nach Christchurch:

Christchurch, den 30. März 47[204]

Mein lieber Karl.
Eine ganze Woche ist vergangen seit ich an Deiner Tür Abschied nahm. Dennoch stehe ich noch immer dort. Du hast mich an eine große Aufgabe gestellt die ich erfüllen werde und ich bitte alle Himmel mir beizustehen. Die goldene Herbstsonne und die Stille der Luft die heute über unserer Stadt liegen rufen mich seit dem frühen Erwachen mit tausenden von Klängen, Düften und Erinnerungen dorthin wo ich den Weg zu bahnen habe. Es waren die besten Tage die ich diesem Land verbringen durfte. Hab Dank.

Ein langer nasser Sonntag erwartete mich in Auckland[205] und in Mitten von Gespenstern drängte ich mich für Stunden an dem windgefegten Kay mit dem Erwarten auf die Rangitata, die erst nach Stunden einlief und dann erst nach weiteren zwei Stunden ihre Passagiere entließ. Es war grässlich, der Regen schüttete nieder und die so gastunfreundliche Stadt machte es unmöglich irgendwo auszuruhen geschweige denn etwas zu essen in all den Stunden. Ich konnte weder telegraphieren noch telefonieren. Die völlige Zerrüttung alles dessen was wir mit Zivilisation bezeichnen, die eintritt wenn Menschen aufhören für die Sache und ihre Mitmenschen zu existieren, zeigte sich im vollsten Umfang. Aber das Mädchen, das ich zu erwarten hatte, war eine freudige Überraschung und ganz anders und weit mehr als meine guten Schwestern sie mir geschildert hatten. Sie ist wirklich von innen her anmutig und weit verständnisvoller als ich annahm wirklich eine entzückende Gesellschaft für die lange und quälende Reise mit den zwei sehr lieben Kindern. Das Mosaikbild Deutschland was ich mir aus ihren Erzählungen zusammenstellen konnte ist grimmig und dennoch erkenne ich in so Vielen*[!]* das Deutschland, welches ich kannte, wieder. Ein gewisses

---

202 Gemeint ist wohl die Gedichtfolge *Hiob oder Die Vier Spiegel* (*GW I*, S. 203–215).

203 Vgl. S. 3, Anm. 9: „Begegnung mit Karl Wolfskehl in Neuseeland".

204 Msch. Brief OB an KW 30.3.47 (DLA 71.1).

205 Gemeint ist das Zentrum von Auckland nahe dem Hafen und ehemaligen Bahnhof.

ästhetisches Verantwortungsgefühl zu den Dingen, welches auch in diesem Mädchen sehr ausgeprägt ist scheint in Deutschland schon wieder Dinge zu schaffen und Umstände zu verbessern, ja Wunder zu wirken in den Trümmern. Man begeistert sich an dem neuen Stadtplan Berlins, um das es baulich ja keineswegs schade ist, bis auf das alte kaiserliche Schlüter-Schloss, welches allerdings auch ein Trümmerhaufen ist. Unter den Passagieren waren viele Soldaten die noch bis vor kurzem in Italien waren, sich völlig Mediteran*[!]* im Zuschnitt entwickelt hatten, in Kappen und Bärten, unendlich dankbar waren für ein paar italienische Worte die ich mit ihnen wechselte und *[n]*ebenbei festentschlossen waren bei der allernächsten Gelegenheit wieder dorthin zurückzukehren. Dies erfreute mein Herz. Hier angekommen stürzte sich die Deutsche Cusine und deren Kinder in die Arme ihres Onkels, den sie nie im Leben gesehen hatte aber sofort erkannte und es war ein ganz großes „Happy End". Jetzt sind sie alle auf der Farm im Süden und alles ist überglücklich.

Paul nimmt tiefen und allerherzlichsten Anteil in allem was ich ihm von Dir berichte auch auf ihn scheint sich das Geschenk meiner Reise, die aber dennoch nur meine Reise bleibt, auszudehnen.

Ich hoffe trotz allen Widerwärtigkeiten dass irgend eine bessere und gepflegtere Behausung[206] am Ende gefunden wird und ich bitte alle die daran interessiert sind nicht nachzulassen im Suchen, Bitte!

Bitte grüße Margot und Mrs. Richard sehr herzlich. Ich werde bald wieder schreiben und auf das Genauste berichten wie sich der Horizont in nächsten Zeiten färbt.

[hschr.] Deine Otti

Lieber Karl für jede alte Korrekturfahne oder ungebrauchten Durchschlag von Deinen Gedichten sowie Übersetzungen davon wäre ich unendlich dankbar. Aber ich mag nicht um Unmögliches bitten.

O.

Während es für Wolfskehl schwierig blieb, genügend Diktierzeit zur haben, um seiner zunehmende Korrespondenz und der Arbeit an seinen Dichtungen gerecht zu bleiben, berichtete Otti Binswanger nun regelmäßig über ihr und Pauls Ergehen und ihre Hoffnungen für die Rückkehr nach Europa:

206 Diese für Wolfskehl kaum geeignete Unterkunft in einem großen Haus, beschrieb er sarkastisch in einem Brief an den Schweizer Freund Edgar Salin: „[I]ch behelfe mich badly. Und nur das gute Herz einer von Horden von Mitmietern, Hunden, Katzen, Rennpferden umlärmten, schmutzstarrenden und fast ins Geniale faulen landlady lässt die Situation einigermaßen in der Waage" (an Salin am 2.5.47; DLA). Erst einige Monate später konnte eine bessere Wohnung für ihn gefunden werden.

Christchurch, den 16. Juni 47[207]

Mein lieber Karl.
Ich wüsste doch so gern wie es geht. Seitdem ich Auckland verließ weiß ich so garnichts mehr von dem äußeren Leben, was sich in der üblen Wohnungsfrage weiter ereignet hat und wie sich der Winter dort für dich eingestellt hat. Für ein paar mitteilende Zeilen wäre ich über alles dankbar.

Das Missbehagen meiner Existenz in diesem umspülten Island hat seine Climax erreicht, trotz allerlei Befriedigung in meiner weltabgetrennten und menschenzugewandten Tätigkeit mit den heiteren Nonnen.[208] O ich hab es so satt das Land der schwächlichen Schatten! Paul hat wieder so etwas wie eine Chance in weiter Ferne, und hat einige Freude am Unterrichten einer Gruppe erwachsener Männer die ihm die Rehabilitation Organisation zugeführt hat. Sonsten pflanzt er Blumen und Sträucher und durchwandert einsam das Land. Mein Herz, mein Sinn und mein Heimweh ist mehr denn je Europa zugekehrt trotz aller seiner Deformiertheit, seines Elends, seiner Tränen. Meine stille Arbeit geht weiter. Martha Licht schrieb mir von ihrem einsamen Hügel, wo sie ganz allein mit unendlich vielen Briefen ihren Tag still verbringt. Sie sieht niemanden, gab aber nichtsdestotrotz eine sehr drastische Schilderung von der moralischen und commerciellen Verwilderung der Italiener, denen es nach ihrer Beschreibung allen glänzend geht. Meine bescheidene Kleider-Sammlung die ich hier seit Jahren für diese verlumpten Armen betrieben habe, wird von ihr mit Hohn verlacht.[209] Ich glaube nur ihrem Ressentiment, keineswegs ihren Facten. Sie muss furchtbar gelitten haben auf ihren Fluchtwegen in die Schweiz und vorher. Über das Haus welches mir in Maiano[210] angeboten wurde erwarte ich täglich genaueren Bescheid. Ich gehe weiter und warte die Weltordnung aufmerksam betrachtend. Jeder der meine geheimen Pläne wirklich kennen würde, würde mich für einen Narren halten. Aber da ich ohne diese Hoffnung wahrscheinlich nicht mehr existieren würde muss schon an meinen Plänen etwas daran sein.

Auch wir werden jetzt kräftig verdunkelt und haben nur unsere Feuer, keine Kerzen. Gestern aber brachte uns in diese stille Stunde ein Freund den Band George Übersetzungen von Morwitz.[211] Es ist ein wunderschöner Band und eine treffliche Auswahl. Die Einleitung und das Vorwort sind ausgezeichnet in ihrer Einfachheit und sagen so viel mehr als alles was hier und da in Deutschland dieser Art unternommen wurde. Natürlich gelangen

---

207 Msch. Brief OB an KW 16.6.47 (DLA 71.1).

208 Vgl. hierzu *Albatros* S. 152–154.

209 Sowohl Binswangers wie Wolfskehl schicken zahlreiche Hilfspakete an die Familie und Freunde in Deutschland und anderswo.

210 Stadtteil im Nordosten von Florenz.

211 Vgl. S. 49 Anm. 105.

Übersetzungen niemals zu der Dichtung in ihrem vollem Klang, dennoch ist es ein großartiges Werk.

Nebenbei wurde mir ein Verlag Wolfgang Krüger in Hamburg[212] empfohlen der sich sehr für die Verbreitung englischer Bücher in Deutschland und herum interessiert. Ich habe kühn an ihn geschrieben wegen meines manuscriptes und erwarte Nachricht. Da Deutschland im Augenblick mehr druckt als ganz Europa so könnte es ja sein, dass hier ein Weg sich findet.

Sehr herzliche Grüße sendet Paul, der immer von einem Brief spricht den er schreiben will???

Sehr herzlich deine
[hschr.] Otti

Als die befreundete Familie Blumenfeld im April in einen anderen Stadtteil verzog, an die bis dahin seine Post geschickt wurde, wechselte Wolfskehl seine Postadresse; von nun an ließ er sich die Auslandspost an die Adresse von Pia Richards (23 Norwood Rd., Bayswater) schicken, die sie ihm bei ihren wöchentlichen Besuchen dann brachte. Diese Otti Binswanger nicht angekündigte Änderung hatte sie befürchten lassen, dass Briefe von ihr verlorengegangen sein konnten:

Christchurch, den 27. Juli 47.[213]

Liebster Karl.
Endlich hat Eva Christeller mir einige Nachrichten von Dir gebracht.[214] Wie mich die Tatsache, dass Du nun in besseren Quartern den Winter verbringen kannst als wir gefürchtet, freut und beruhigt![215] mich ungemein Auch sagte Eva, dass du in den Wochen vor dem Umzug in keiner Weise sehr auf der Höhe warst, sofern es das Herz angeht.[216] Ist alles wieder besser? Nun hörte ich aber auch, dass die Deckadresse der Blumenfelds sich geändert hat und ich fürchte, dass vielleicht aus diesem Grunde meine verschiedenen Briefe Dich nicht erreicht haben. Hat die Margot meine kleine Sendung bekommen?[217] Eva Christeller wird nun in den nächsten Tagen wieder bei dir vorbeikommen. Ich gebe ihr keine Nachricht mit, sie ist mir zu fern.

---

212 Der in Hamburg 1945 neugegründete Verlag entwickelte sich in den 1950er und 1960er zu einem mittleren literarischen Verlag. Er wurde 1970 vom S.Fischer Verlag übernommen.

213 Msch. Brief OB an KW 27.7.47 (DLA 71.1).

214 Eva Christeller, die damals als junge Geigerin beim National Orchestra spielte, hatte sich in Auckland aufgehalten und dort auch Wolfskehl besucht.

215 KW war nicht umgezogen, hatte lediglich die Postadresse gewechselt.

216 Im Mai hatte Wolfskehl einen zweiten schweren Herzanfall erlitten.

217 nvh.

Neben der viertäglichen Arbeit im Krankenhaus, die noch immer recht erfreulich, wenn auch viel zu ermüdend ist, lebe ich in einer immer wachsenden Correspondenz mit der Welt. Zu meiner großen Freude hat ein Hamburger Verlag Wolfgang Krüger, der Bücher in englischer Sprache in Deutschland herausbringen will und somit auch einen Englischen Markt gewinnen, interessiert sich außerordentlich für mein Buch*[!]*. Auf meinen ersten Brief hin hat er postwendend sich das Manuscript aus England kommen lassen.[218] Sollte etwas daraus werden, Karl, dann bitte ich Dich mir noch einige Hinweise die wir damals in Auckland besprachen und die das Capitel „Man on the Crossroad" betrafen, zu geben. Ich lasse Dich es sofort wissen, wenn ich etwas bestimmtes hören sollte, und wir werden die Flasche Wein die dann unbedingt fällig sein wird auch in gutem Gedenken an Dich trinken.

Hast du die Nachrichten von Frau Grete Weissgerber?[219] Ist „Die Stimme.. *["]* in Deine Hände gelangt?[220] Glaubst Du es wäre möglich mir ein Exemplar für eine Woche zu leihen welches ich unter heiligstem Versprechen Eingeschrieben nach genau acht Tagen an Dich zurückgehen ließe? Dieses wäre eine große Freude für mich.

In Florenz ist mir eine Villa Machiavelli für 20 Millionen Lire oder 40 Tausend Dollars von einigen Rumänischen Juden angeboten worden. Ein Haus in großem Styl und Luxus mit Gartenhaus und Podere und zwei Kühen in Maiano. Ich kenne das Haus gut. Eine Riesenangelegenheit. Selbst wenn wir die Sache auf seinen Wert herunterhandeln sollten was etwa ein Drittel von dem geforderten sein wird ist es weit zu protzig. Aber Spaß macht es doch und ich lasse mir weiter Häuser anbieten die es immer noch um Florenz herum die Fülle gibt.

Paul ist viel glücklicher seitdem er die Returned Men im Deutschen unterrichtet. Eine neue Chance hat sich eröffnet für eine senior lecturership in Christchurch im nächsten Jahr. Sollte er diese gutbezahlte Stellung bekommen dann würde ich allein nach Europa gehen in 1948.

Ein deutscher Freund, der sich „schriftstellerisch betätigt" mit Riesenverkaufserfolgen vor Hitler, und nun wieder damit begonnen hat, derselbe der mir den Hamburger Verlag verschafft hat, Carl Friedrich Boree[221] (ganz unwichtig als Schriftsteller) schickte mir einen kleinen Band Erzählungen

---

218 Das Buch ist auch dort nicht erschienen.

219 Gemeint ist Margarethe Pohl-Collin (1878–1968), die in erster Ehe mit dem Maler Albert Weissgerber verheiratet war. Beide gehörten zum Münchner Bekanntenkreis Wolfskehls. Sie emigrierte mit ihrem zweiten Mann Ernst Collin 1938 nach London. Wolfskehl stand mit ihr seit 1945 wieder in einem regen Briefwechsel (vgl. *Br II*. S. 721–779).

220 Gemeint ist die deutsch-englische Ausgabe der Gedichtfolge *Die Stimme spricht* (1934): *1933. A Poem Sequence*. New York: Schocken 1947.

221 Karl Friedrich Borée (1886–1964), Rechtsanwalt, Erzähler und Essayist; er veröffentlichte 1946 eine Erzählung *Die Brieftasche*, in der Ausstattung von Emil Preetorius. Wolfskehl

die jetzt bei Piper München von ihm herauskamen. Ein kleiner armer Band auf fürchterlichstem Papier broschürt aber *[in]* herrlich[s]ter deutscher Antiqua gedruckt. Buchausstattung von Emil Pretorius. Auf der Rückseite die Anzeigen des Verlags. Älteste Dinge. Kurze Geschichten von Dostojewski. Willy Seidel Yali und sein weißes Weib.[222] Uraltes aus dem Schrank geholt aber gedruckt und sofort reißend verkauft. Es scheint so völlig gespenstig. Vielleicht bekomme ich irgend eine Nachricht bald?

[hschr.] Deine Otti

Auf diesen Brief hatte Wolfskehl umgehend geantwortet und sein krankheitsbedingtes Schweigen erklärt, wofür Otti Binswanger ihm dankt. Ihr Brief lässt ihr Unglücklichsein darüber spüren, dass die Rückkehrpläne nicht recht vorankommen, während zwei junge Bekannte – Eva Christeller und Peter Munz – bereits auf dem Weg nach Europa sind bzw. sich dort zum Studium aufhalten.

Christchurch, den 7. August 96 *[1947]*.[223]

Mein lieber Karl.
Endlich kam eine Nachricht.[224] Natürlich habe ich Deinem Schweigen viel entnommen, und war daher besonders erleichtert, als ich mir einen Teil davon mit dem Umzug erklären konnte. Nun ist wieder alles in der Luft, und ich kann einen Ärger über die so übermäßig oberflächliche aber nicht minder bestimmte Auskunft von Eva Chr*[isteller]* nicht ganz verbergen. Ich hätte ihr die Gönnerhaftigkeit mit der sie mir Deine Grüße überbrachte und die freundliche Versicherung, dass mein Besuch in Auckland recht erfreulich für Dich gewesen ist, schon verziehen, wenn wenigstens die praktischen Auskünfte etwas weniger fantastisch gewesen wären. Ach Karl ich freue mich Deines guten Eindrucks und der lebendigen Eindrücke die sie dir brachte;[225] für mich sind Tochter Mutter Bruder der gleiche unwahre Asphaltaufguss mit geschickt gemeißelter Oberfläche aller „Kunst-“ und „Geisteskultur“ angepasst, aber darunter? darunter habe ich noch nie und niemals auch nur die Spur einer Realität und echten Tiefe gespürt. Mit all der unbewussten Prätenz quält mich die Gegenwart aller drei auf je verschiedene Weise, die

---

war nahe befreundet mit Preetorius, von dem er sich jedoch nach 1933 verraten fühlte, sich 1947 dann wieder mit ihm versöhnte (vgl. *Br II*, S. 945–962).

222 Willy Seidels (1887–1934) Roman *Yali und sein weißes Weib* war erstmals 1914 erschienen.

223 Msch. Brief OB an KW 7.8.[1947] (DLA NZ 71.1). – die Jahresangabe „96“ ist wohl ein Tippversehen.

224 nvh.

225 Vgl. Wolfskehls Brief an S. Guggenheim vom 11.6.47 (*Br II*, S. 650).

Sprechstimme und ungewürzte Jungaltrigkeit aber echter Jugend völlig bare Eva vielleicht am allermeisten. Warum aber dich und mich ärgern. Wahrscheinlich sitzt sie jetzt gerade bei Dir, denn sie versicherte es laut und vernehmlich noch einmal zu Dir zu gehen bevor sie Auckland verlässt, so hoffe ich dennoch das Ihre Gegenwart Dich erfreut bevor Dich mein Brief ärgert. Verzeih Karl, aber in dieser Einsamkeit dieser Insel in der man für viele Dinge so sehr helle geworden ist, wenn man nicht ganz verdunkelt ist, stellen sich die unwahren Beziehungen unter Menschen so überaus vernehmlich vor das Auge, vor das Fühlen und am stärksten dort wo es am meisten schmerzt, vor das Herz. Dein Leben steht wie ein Turm auf so einer absolut wirklichen Beziehung zu dem was du lebtest, Du bist reich und hältst Dein Gut im festen Griff. Ich kann das Ausschauen nach Wirklichkeiten innerhalb der menschlichen Beziehungen noch lange lange nicht aufgeben. Ich finde weiß Gott nicht viel, aber die Kenntnis dessen was ich nicht finde ist deshalb nicht geschrumpft sie ist im Gegenteil gewachsen und wächst immer noch.

Peter Muenz[226] ist zur Zeit in Bonn, bei einem Sommerkursus. Dann geht er mit Rad und einigen Neuseeländer Freunden via Avignon nach Florenz. Warum tut einem das Herz so weh dabei? Nachher werden sie wieder alles wissen, wie er alles von Deutschland wusste, das er als zehnjähriger verließ und das er denunzierte in seiner tiefsten Vergangenheit wo er konnte. Mit den neugierigsten Ohren werde ich mir alles erzählen lassen und traurig von dannen gehen. In dem ungeheuren Überangebot von Musik, welches hier geradezu alle Grenzen überfluted*[!]* haben denn Paul und ich doch einmal nachgegeben und haben einen Abend bei dem Boyd Neal Orchester[227] verbracht. Dieses schöne Konzert hat mich endlich die Feststellung machen lassen um die ich mich quäle seitdem ich denken kann. Seitdem ich ein Kind bin, hasse ich es in Konzerte zu gehen. Irgendetwas wird der Menge ausgesetzt, irgendetwas wird misshandelt in mir. Selbst im Kino kann ich die audience fühlen, das was den Schatten eines gemeinsamen Betrachtens wirft. Im Konzert wird mir die Audience feindlich, oder ich ihr. Ich folge ein zwei Programmnummern und dann schmerzt mich alles. Es hämmert auf meinen Nerven, ich brauchte eine Woche um mich zu erholen. Musik fällt einfach nicht in die Tiefe bei mir wohin sie strebt, eine hauchdünne Zwischenschicht trennt mein Innerstes von dem Raum, auf das hin die Musik hämmert und mich psychisch wie physisch geradezu ruiniert. Die unglaubliche Verfälschung des „Musikgenießens" der ganz bourgeoise Schwindel der danebenklingt tut natürlich noch das Seine, um mich völlig elend in die nächste Taxe zu werfen um heim zu kommen.

226 Mit Peter Munz und seiner Mutter hatte Wolfskehl gelegentlich Briefe gewechselt.

227 Boyd Neel (1905–1981) gastierte mit seinem Orchester während einer Welttour 1947 auch in Neuseeland.

Mit den allerbesten und direktesten Beziehungen hatte ich ein Application für die Abels (Florenz-Tahiti) gestarted*[!]*. Abgeschlagen. Dabei ist der Karl Abel nebenbei ein Expert-Töpfer geworden und sein Junge bereit jede Arbeit zu leisten. Ich habe den Abels natürlich erst sehr abgeraten von Neuseeland, ich hoffe sie haben auch Australien versucht, welches im Gegensatz zu Neuseeland wirklich an Neuhinzukommenden interessiert ist und nicht nur ängstlich. Unser gemeinsamer Bekannter Dr. L*[ochore]* hat nebenbei eine geradezu Goe[b]belsche Antisemitenrede in dem Sciencekongress in Wellington gehalten. Ganz still ganz fein und urgemein. Ich habe meine Entrüstung mit dem Tatsachenmaterial welches mir aus eigenster Erfahrung zur Verfügung steht durch eine ganz nahe Freundin dahin gehen lassen können wo man wahrscheinlich eines Tages interessiert sein wird in der privaten Politik von Unterbeamten. Im übrigen brachte mir ganz überraschend ein Freund ganz ohne jeden Zusammenhang zu meinen Erfahrungen sehr interessante Aufschlüsse über diesen interessanten Charakter.

Wieder kam ein Brief von Martha Licht. Noch etwas verrückter aber ursymphatisch. Ihre Menschenfeindschaft muss große Formen angenommen haben. Sie nimmt es uns direkt übel dass wir nicht sofort kommen. „Es ist doch alles in Ordnung". Hast du gelesen, dass die Lira nun dem Black-market Wert von 1400 zum Sterling angepasst ist? So wird der Black-market bald ein weißer Markt sein und das Leben wieder normal. Vielleicht machen die guten anständigen völlig unbegabten und planlosen Engländer wirklich den Fehler, dass sie von einer Seite wieder Wohlstand schaffen wollen wo niemand den Wohlstand je zu spüren bekommen wird. Vittoria hat wieder geschrieben so voll Wärme und geradezu baffelnder[228] Kultur. Ich schicke sie natürlich nach weiteren Villen aus, wenn die Villa Machiavelli wirklich etwas zu protzig ist. Häuser sehen mich an durch freundlich lichten Nebel, sie haben mich noch niemals im Stiche gelassen. Nun weiß ich, dass mein Buch an Krüger wenigstens abgegangen ist vor drei bis vier Wochen kann ich nichts hören. Marjorie ist in großem Trouble große Liebesgeschichte und unendliche Confusion.

Im Krankenhaus haben wir wieder eine Italienerin. Diesmal von Bari. Sehr schlechter Typ. Aber sie spricht überhaupt kein English. Der husband will garnicht, dass sie englisch lernt. Er spricht nur Italienisch und will zurück so schnell er kann. Nichtsdestotrotz sagt man dass er sie öfter verhaut, was dieser kleinen gefärbten Nutte sicher nur gut sein kann. Heute sagte sie mir stolz: Io sono Fashista! Io amo e adoro il Duce! Jedenfalls ganz origineller Mut auf alle Fälle. Never mind I brush up my Italian I brush and brush.

Grüße die Margot herzlich. Es ist und bleibt mir dennoch ein Rätsel dass es keine bessere Wohnung für dich geben sollte.

Paul dankt sehr herzlich für die guten Grüße von Dir.

Deine
[hschr.] Otti

228 Wohl „verblüffender".

Ihre Sehnsucht und Entschlossenheit zur Remigration nahm, wie ein kurzer Zwischenbericht einen guten Monat später zeigt, durch die Hindernisse, die sie zu überwinden hatte, nur zu und verbanden sich mit den Hoffnungen, die sie auf ihr bei dem deutschen Verlag liegendes Manuskript setzte:

Christchurch den 24. Sept. 47[229]

Mein lieber Karl
Heute aus der Müdigkeit eines langen Tages will ich nur Grüße an Dich senden. Zwischen Arbeit, Pakete packen und dem Leben was sich um das Erhalten und Schreiben von Briefen legt, hat sich hier nichts ereignet. Eine warme Sonne wird von eisigen Winden ihrer Segnungen beraubt, die Helligkeit des Lichtes wird somit beinahe schmerzhaft. Ich bin so müde, wie ich fast noch niemals in meinem Leben war. Dadurch wird aber mein Entschluss im nächsten europäischen Frühjahr Neuseeland zu verlassen endgiltig verfestigt, und so werde ich Dir als Reisebegleitung zur Verfügung stehen. Noch kann ich bestimmteres nicht sagen weil die verschiedenen Ziele noch nicht deutlich genug sind, aber sie kommen mit der Bestimmtheit meines Entschlusses. Auch Paul beginnt sich zu lösen von der Ausschließlichkeit der Neuseeländer Vereinsamung. Ich werde Dich alles wissen lassen was sich herausklärt und bitte Dich gleichzeitig zu verzeihen, dass ich heute nicht schon deutlicher sein kann. Diesmal sind es keine Visionen die mich leiten sondern ich selbst die weiß, dass der Weg nun endlich angebrochen werden muss.

Von dem Verlag Wolfgang Krüger habe ich noch nichts gehört, mein Manuscript kam aber auch nicht vor Mitte August in seine Hände. Von Italien habe ich seither nichts wieder gehört, von dem zweiten Brief der Martha Licht habe ich Dir wohl schon geschrieben. So habe ich Dir heute nichts zu erzählen lieber Karl, als Dir zu sagen, dass ich „auf dem Posten bin".

Wie es Dir wohl gehen mag? Wie kommt der Frühling nach Auckland? Wie zu Dir?

[hschr.] Deine Otti

Dieser Brief blieb zunächst ohne Antwort, was vor allem damit zu erklären war, dass Wolfskehl im November abermals umzog, diesmal in eine angemessenere und ruhigere Wohnung, in der die letzten Bilder entstanden. Wolfskehl fühlte sich aber um die Jahreswende nicht wohl. Anhaltende Herzschwäche ließ ihn erkennen, wie seine Lebenskraft nachließ. In einem Moment der Verzweiflung bat er damals seine Nichte in der Schweiz, man möge kommen und ihn holen: „ich will ja nun

229 Msch. Brief OB an KW 24.9.47 (DLA NZ 71.1).

sterben, bei Euch. Nicht in der furchtbaren Fremde."[230] *Es waren jedoch auch Wochen, während der er intensiv an seinem unveröffentlichtes Exilwerk redigierte und sogar noch Neues schuf wie die teils bitter-sarkastischen, teils preisenden zeitkritischen Verse des „*Satyrspiels*".*[231]

Karl Wolfskehl am Schreibtisch in seiner letzten Wohnung, Dezember 1947 (DLA)

Beunruhigt über sein Ergehen schrieb Otti Binswanger Anfang Januar an Wolfskehl. In der Gewissheit im neuen Jahr nach England abreisen zu können, hatte sie bereits begonnen von dem Leben in Neuseeland innerlich Abschied zu nehmen:

---

230 An Charlotte Kühner 25.12.47 (DLA); Vgl. auch *Leben und Werk* S. 455–459.
231 Vgl. *GW I*, S. 274–281.

Christchurch, den 4. Januar 1948.[232]

Mein lieber Karl.
Wie unendlich lange habe ich nichts von Dir gehört! Muss ich mir Sorgen machen? Geht es leidlich durch den heißen Sommer hindurch? Noch immer bei jenen schwarzen Tieren? Bald werden die Zikaden wieder ihren Krach vollführen. Wie gern wüsste ich etwas von Dir. Lass mich dich grüßen in diesem neuen Jahr, das wie alle Neuseeländer Neujahre profan und halbvergessen im vollen Alltag über die Schwelle trampelte. Und dennoch bin ich wie man sagt keen auf das Jahr 1948. Irgendetwas rührt sich in dem unbekannten Nebel da vor mir. Wird er sich lichten? Wenn die Bewegung eines Nebels wahrgenommen wird, sollte man noch nicht viel über das Licht und den blauen Himmel dahinter reden. Aber immerhin. Wir haben ein grässliches Jahr der Krisen hinter uns und Paul war durch die letzten Monate auch körperlich keineswegs auf der Höhe. Aber ich glaube wir haben uns durchgearbeitet und erkennen wieder beide den ursprünglichen Sinn unserer Gemeinschaft, und so wird das Leben wieder wie es sich für uns gehört. D.h. wir wenden uns wieder beide voll Mut den neuen alten Ufern zu. Ich bin überzeugt, dass in England bestimmt die berühmte alte Talsole unterschritten-überschritten ist und das Frühjahr vieles leichter machen wird. Und auf Italien setze ich meine Hoffnung. Ich weiß dass es großer Weisheit bedarf nicht in die Enge zu kommen, aber ich weiß dass es für uns gar kein Entkommen gibt, wir können uns nicht hier weiter herum drücken weil die Butter auf dem Brot nicht ausgeht. Wenn ich doch nur wüsste wie es dir geht. Ich traf Fairburn[233] hier in Christchurch nachdem Curnow[234] ihm ein ziemlich „geschmackvolles" Advertisement vorausgeschickt hatte, etwa wie „unser Schiller" oder „unser Byron" *[„]*wird uns die Ehre geben". Er gab sie uns und ich war keineswegs beeindruckt. Ich traf ihn gerade in der Rolle eines nicht gut geratenen Colonial Pan mit Blumen hinterm Ohr und in den Haaren. Wohl keinem Mädchen im Arm auch keinen Jüngling aber stattlichen Mengen von Bier in den geschwollenen Adern. Er schwatzte eitel und confus und hat sich auf deutschen Roma[n]tizismus spezialisiert von dem er überhaupt nichts weiß. Wollte eine Menge von mir wissen. Wieweit innere Zusammenhänge zwischen George und Luther bestehen, wieweit Du dem Roma[n]tizismus verfallen bist und Deine Rolle darin? Es war ein richtiges Kreuzworträtselraten, oberflächlich und falsch und barbarisch unwissend. Er ist wohl doch nur ein witziger Pamphletist.

Ich habe eine Anzahl Zeitungsausschnitte von Berlin bekommen von dem deutschen Schriftsteller Kongress. Die Sprache ist nicht zu verdauen, Heinrich Mann singt eine Hymne auf das ruinierte bescheiden und daher innerlich so groß gewordene Berlin! Wie unendlich weit ist das alles entfernt.

---

232 Msch. Brief OB. an KW 4.1.48 (DLA NZ 71.1).

233 Vgl. S. 41 Anm. 89.

234 Vgl. S. 27.

Im August wurde mein M.S. von England nach Hamburg an Krüger geschickt. Jetzt ist es angekommen, nachdem ich es schon völlig für verloren gegeben habe. Also werde ich auch einmal mehr hören.

Paul der im letzten Jahr seine Traurigkeit und grenzenlose Einsamkeit ganz in unsern Garten versenkt hatte hat uns nun mit einer ungeheuerlichen Blumenfülle beschenkt die hunderte von Arten aufweist.

Ich nehme an dass Du weißt dass Eva Christeller in England gelandet ist anstatt in Amerika. Leb wohl für heute lieber Karl bitte gib mir bald irgendeine Nachricht. Von ganzem Herzen

[hschr.] Deine Otti

Ende Januar 1948 erkrankte Wolfskehl an einer schweren Lungenentzündung, über die Margot Ruben die Binswangers unterrichtete; beide schickten Genesungswünschen:

Christchurch, den 20.II.48[235]

Mein lieber Karl.

Eine stetige Unruhe hatte mich seit einiger Zeit erfasst, da ich so überhaupt nichts von Dir hörte seit vielen Monaten. Nun hat die Margot die Geschichte erzählt. Wie gut, dass am Ende ihres Briefes[236] Margot schrieb, dass Du das Gröbste nun hinter Dir hast, und gewiss heute schon in dem ganz ruhigen leisen Rhythmus der Genesung sein wirst und in dem Licht des Spätsommers ohne Beschwerden Dich wieder zur Gesundheit hindämmern wirst. So wenigstens hoffe ich dass Du jetzt, da ich diesen Brief schreibe Dich fühlst.

Die Ankündigung Deiner Dichtung aus der Schweiz war eine ganz große Freude.[237] Die Vorstellung, dass Deine Stimme wieder unter den deutschsprechenden ertönen wird, ist beinahe wie eine Art Rückkehr. Ist es nun zu viel wenn ich Dich um ein Exemplar dieser Dichtung bitte? Sie umschließt für mich das ganze Wiederbegegnen hier im Exil von den Tagen, die Du bei uns verbrachtest bis heute und in die Zukunft, denn dieses unser Wiederbegegnen hat keine zeitliche noch örtliche Begrenzung.

Unendlich viel mehr möchte ich sagen, am allerliebsten setzte ich mich in ein Flugzeug und käme für einige Tage herüber. Während ich mir dieses jedoch vorstelle, weiß ich, dass du meine Nähe fühlen wirst auch wenn ich hier auf der Südinsel in Christchurch bin.

[hschr.] Deine Otti

Diesmal legte auch Paul Binswanger einen persönlichen Gruß bei. Es ist der einzige erhalten Brief von ihm an Wolfskehl:

---

235 Msch. Brief OB an KW 20.2.48 (DLA NZ 71.1).

236 nvh.

237 *An die Deutschen.* Zürich: Origo 1947.

Ch'Ch. 20th February, 1948[238]

Lieber Karl,
mit großer Freude höre ich, dass Sie sich langsam wieder zu besserer Gesundheit durcharbeiten. Die Nachricht davon mildert den Schock, den wir fühlten, als wir gleichzeitig durch Margot hörten, dass Sie durch schwere Krankheit durchzugehen hatten. Thus, keep to the upward path! Es ist nicht erhebend, dem müden Kampf des eigenen Körpers zuschauen zu müssen, wenn der weitere Umblick in der Welt so wenig wie heute beiträgt um einen zu erheben und durchzuschwingen. Wo immer man hinfasst, greift man zwei Dinge: die Armseligkeit des Platzes, an dem man lebt, und das Durcheinander düsterer Prophezeiungen. Ich misse sehr, Ihre in der Schweiz erschienene Dichtung nicht zu besitzen, und nur mit einiger Erinnerung an das, was Sie uns hier daraus mitgeteilt haben, daran zurück zu rühren.

Herzlichst und mit den wärmsten Wünschen
Ihr Paul Binswanger

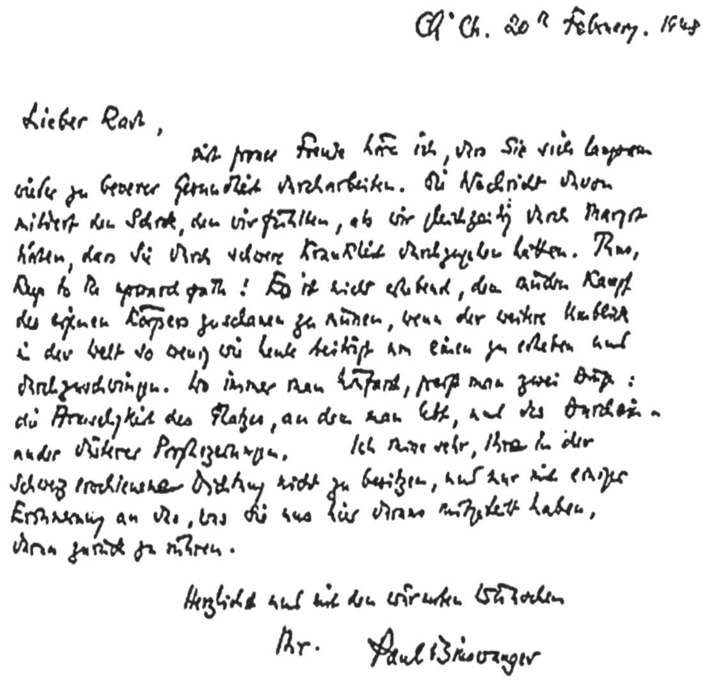
Ch'Ch. 20th February. 1948
Lieber Karl,
mit großer Freude höre ich, dass Sie sich langsam wieder zu besserer Gesundheit durcharbeiten. Die Nachricht davon mildert den Schock, den wir fühlten, als wir gleichzeitig durch Margot hörten, dass Sie durch schwere Krankheit durchzugehen hatten. Thus, keep to the upward path! Es ist nicht erhebend, dem müden Kampf des eigenen Körpers zuschauen zu müssen, wenn der weitere Umblick in der Welt so wenig wie heute beiträgt um einen zu erheben und durchzuschwingen. Wo immer man hinfasst, greift man zwei Dinge: die Armseligkeit des Platzes, an dem man lebt, und das Durcheinander düsterer Prophezeiungen. Ich misse sehr, Ihre in der Schweiz erschienene Dichtung nicht zu besitzen, und nur mit einiger Erinnerung an das, was Sie uns hier daraus mitgeteilt haben, daran zurück zu rühren.
Herzlichst und mit den wärmsten Wünschen
Ihr. Paul Binswanger

238 Hschr. Brief PBs an KW 20.2.48 (DLA NZ 71.1).

Wolfskehl sollte sich nicht wieder erholen. Zwar überwand er die Lungenentzündung, aber die Darmerkrankung, die ihn seit den 1930er Jahren begleitete, zwang ihn ab März zu kaum mehr unterbrochenen Krankenhausaufenthalten. Wenige Tage vor seinem Tod am 30. Juni 1948 kam es zur letzten Begegnung mit Binswangers, die ihn im Krankenhaus besuchten, bevor sie am nächsten Tag das Schiff bestiegen, das sie nach England brachte. Otti Binswanger beschließt ihren Essay „Begegnung mit Karl Wolfskehl in Neuseeland" mit dem Bericht über diese Begegnung:

> Als der Krieg beendet war, hatten wir die Hoffnung, Neuseeland zu verlassen und nach England zu gehen. Es dauerte aber zwei Jahre, bis man uns hinausließ. In dieser Zeit erörterten wir mit Wolfskehl die Möglichkeit, zusammen zu reisen. Doch als es im Jahre 1948 endlich so weit war, war es für ihn schon zu spät, er wusste, dass sich der Kreis seines Lebens schloss, dass es keinen neuen Anfang mehr für ihn geben würde. Als er vom Sterben sprach, sagte er einmal: „Warum soll ich mich fürchten, von einem Raum in den anderen zu treten?"
>
> Im Juni 1948 konnten wir uns in Auckland einschiffen. Karl Wolfskehl lag schwerkrank im Hospital. Nach langer Nachfahrt trafen wir eine übermüdete, verhärmte Margot Ruben am Bahnhof. Im Hospital lag der gefällte Riese in einem großen, kahlen, fast unmöblierten Krankenzimmer, hingestreckt auf ein langes schmales Eisenbett. Abgemagert, sehr bleich, von großer geistiger Schönheit verklärt, hatte er wohl schon einen Fuß in jenen Raum gesetzt, vor dem er sich, seinen Worten nach, nicht fürchtete. Es gab nur einen Stuhl im Zimmer, auf den sich Binswanger an Wolfskehls Seite setzte. Ich hockte mich auf den Boden und wusste, dass diese Begegnung vor allem den beiden Männern gehörte, die, jeder auf seine Weise, so schwer unter der gewaltsamen Trennung von ihrer Heimat gelitten hatten. Sie fanden sich noch einmal in großer Herzlichkeit, Wolfskehl sprühte von Witz, war heiter und gut. Von den vielen Stunden, die ich mit ihm verbracht hatte, war diese vielleicht die beste. Nach einer Stunde wurden wir von der Schwester hinaus gebeten, die Zeit war um.
>
> Als sich die Tür schon hinter uns geschlossen hatte, rief er mich noch einmal zurück. Wir nahmen Abschied mit „Auf Wiedersehen!"
>
> Am nächsten Tage schifften wir uns ein. Als wir nach fünfwöchiger Reise in England ankamen, fanden wir die Nachricht vor, dass Karl Wolfskehl vierzehn Tage nach unserem Besuch gestorben war.[239]

Die letzte Krankheit und der Tod verhinderte Wolfskehls lange erhoffte, wenigstens zeitweise physische Rückkehr nach Europa. Doch erlebte er noch das Erscheinen seines Gedichts An die Deutschen *(1947) in der Schweiz*

239 Vgl. S. 3, Anm. 9: „Begegnung mit Karl Wolfskehl in Neuseeland".

und erste positive Reaktionen auf diese große und ihm so wichtige Dichtung seines Spätwerks. Margot Ruben setzte sich in den nachfolgenden Jahren dann unermüdlich dafür ein, dass Wolfskehls Werk nach dem Kriege nicht in Vergessenheit geriet. Als Erbin des dichterischen Nachlasses betreute sie die ersten posthumen Editionen – Sang aus dem Exil *(1950) und* Hiob oder Die Vier Fenster *(1950), sie stellte 1959 die erste Briefauswahl zusammen* Zehn Jahre Exil. Briefe aus Neuseeland 1938 – 1948 *und gab 1960 zusammen mit Claus Victor Bock die noch immer maßgebliche zweibändige Ausgabe der* Gesammelten Werke *heraus. Ohne diese und weitere Veröffentlichungen aus dem Nachlass, den sie wenige Jahre vor ihrem Tod 1980 an das Deutsche Literaturarchiv in Marbach gab, wäre Wolfskehls Rückkehr in die deutsche Literatur sicher anders und weniger nachdrücklich verlaufen.*[240]

Otti und Paul Binswangers an die Rückkehr aus dem Exil geknüpften Hoffnungen sollten sich nicht realisieren[241]*. Sie lebten zunächst in London im Hause ihrer Freundin Majorie Mitchell. Paul Binswanger gelang es nicht mehr die Arbeit an seiner lange geplanten sprachphilosophischen Studie weiterzuführen, da ihm die wiederaufgenommene Unterrichtstätigkeit wohl zuwenig Zeit und Konzentration erlaubte. Otti Binswangers kaum entwickelte Schriftstellerkarriere ließ sich in und von London aus nicht fortführen. Ihr Buch* The Story of a German Generation *blieb ungedruckt, ebenso wie weiter entstehende Kurzgeschichten und Gedichte. Auch die nach dem Tode Paul Binswangers geschriebene Autobiographie* Der Albatros, *konnte sie nicht mehr veröffentlichen, obgleich sie mit verschiedenen Verlegen darüber verhandelte. Erfolgreicher war die Künstlerin, nicht mit ihren Skulpturen, sondern mit handgeflochtenen Körben, die sie schließlich über angesehene Geschäfte verkaufen konnte und so wesentlich wieder zum Lebensunterhalt beitragen konnte. Eine spät zugesprochene bescheidene Wiedergutmachungsrente erlaubte Binswangers schließlich 1959 doch noch nach Italien umzusiedeln, wo man Paul Binswanger an der Universität in Florenz eine Dozentenstelle an der germanistischen Abteilung angeboten hatte, die er jedoch nur knapp zwei Jahre lang bis zu seinem frühen Tod 1961 ausüben konnte. Otti und Paul Binswanger besuchten Deutschland nach dem Kriege wieder, aber eine Rückkehr auf Dauer dorthin war vor allem für Paul nach der Shoa nicht mehr möglich; auch nach seinem Tod blieb Otti Binswanger in Florenz, wo sie 1971 starb. Der Verlust der ursprünglichen*

---

240 Vgl. hierzu *Leben und Werk* S. 577ff.

241 Zum Nachfolgenden vgl. *Albatros* S. 160ff, und dort auch Livia K. Wittmanns „Nachwort" S. 266ff.

Heimat und die damit verbundene Zerstörung ihrer Lebenspläne hatte eine Wunde geschlagen, an der Paul und auch Otti Binswanger mit ihrer so viel kräftigeren und kreativen Lebensenergie, bis an ihr Lebensende litten, wie es eines ihrer Gedicht aus dem Jahre 1952 ausdrückt:

O wäre mein Land die Heimat geblieben!
Dann hätte ich ein Haus
und das Nachbarkind spielte an meiner Türe
Freunde würden bei mir verweilen!
Wäre mein Land die Heimat geblieben
dann wäre dort ein Raum
der die Spuren meines Lebens trüge
und mein Name klänge in der Stille des Saals.
In meinem Garten würde ich wandeln
und meine Blumen für die Freunde pflücken.
Wäre mein Land die Heimat geblieben!
Dann träte ich des Abends unter ein schützendes Dach
und fände das Licht und die Wärme des Raums,
dann wäre mir vergönnt zu nehmen und zu spenden.
O wäre mein Land meine Heimat geblieben![242]

Wie für so manchen anderen Exilanten fand sich für Otti und Paul Binswanger nach der Zäsur des Exils kein Weg mehr zurück.

---

242 FA Halle.

Anhang

Im schriftstellerischen Nachlass von Otti Binswanger, der im Familienarchiv Halle in Berlin aufbewahrt wird, finden sich zwei Texte, die ihr neuseeländisches Exil zum Thema haben: eine essayistische Reflexion Briefe von den Antipoden *und eine Erzählung, die ohne Titel blieb. Beide werden hier im Anhang erstmals veröffentlicht.*

Die beiden Briefe von den Antipoden *schrieb Otti Binswanger im Jahre 1947, also wenige Monate vor ihre Rückkehr nach Europa. Die Briefe sind an Freunde dort gerichtet und möchten diesen erklären, warum sie das unzerstörte Exilland, in dem sie doch so vieles hat, was den Freunden in der zerstörten Heimat fehlt und weshalb es sie so sehr drängt, dorthin zurückzukehren. Der erste Brief richtet den Blick auf Neuseeland, das ihr trotz allem Bemühen, sich dort zu integrieren, fremd geblieben ist. Die selbstzufriedene und dabei das Lebens in diesem europafernen Land überreglementierende Gleichförmigkeit, die sie nur noch als kaum erträglichen Zwang empfindet, der keinen Raum für Anderes und Überdurchschnittliches erlaubt, hat sie erkennen lassen, dass es für sie keine* „Zukunft in diesem Paradies“ *geben kann. Im zweiten Brief dann begründet sie ihr Verlangen sich am Wiederaufbau Europas zu beteiligen. Dieser könne nur in Europa und von Europäern selbst im Bewusstsein ihrer Geschichte und ihrer Verantwortung für europäische und menschliche Kultur geleistet werden. Dieses Verantwortungsgefühl sei den früheren aus Europa nach Neuseeland Ausgewanderten nach wenigen Generationen im neuen Land verloren gegangen, existiere allenfalls als* „krampfhafte[s] Festhalten von Traditionen und Gebräuchen“, *trage aber nicht mehr zur* „Weiterentwicklung der Menschen als Europäer“ *bei.*

Briefe von den Antipoden I

An einem Frühjahrsmorgen fahre ich mit dem Zweirad durch die Außenbezirke einer Neuseeländer Stadt von einem Wohnteil in den andern. Das Sonnenlicht in weißer Helle gleißt auf den breiten Asphaltwegen. Ich durchkreuze ein Meer von Gärten, die mit wenigen Ausnahmen alle einstöckige[n] Wohnhäuser umgeben. Keine Mietskaserne übertürmt den Frieden der niedrigen Dächer, der Rasenflächen, der Blumenbeete, der Gartenpfade und der Bäume und Sträucher, die Letzteren meist ordentlich und niedrig gehalten in die Winkel und an die Zäune gedrängt. Die Wellblechdächer sind meist rot oder grün gestrichen, die Häuser sind von Holz, nur neuere Typen hie und da von Ziegel. In den älteren Vierteln gibt es noch größer ausgelegte Gärten und Häuser, die von dem Reichtum der Besitzer sprechen und gesicherte Wohlhabenheit zeigen wollen. In den neueren hat dieser sichtbare Klassenunterschied längst aufgehört, wie das Land außer eines sehr entwickel[ten] Bewusstseins des mehr oder weniger Geldhabens wirklich keinerlei Klassenbewusstsein kennt.

Ich fahre durch diesen Frieden dahin und mein Auge erfreut sich an dem Grün des Grases, an der Pracht der frühen Blumen und an der Klarheit des Lichtes, und wie so oft denke ich, dass wohl fast jeder Europäer heute mit Neid und Sehnsucht zu diesem Wohnparadies der Ruhe hinschauen würde. Genau dieses stille kleine Haus mit seinem Garten und Blumen darin, und womöglich noch der Garage und dem Auto! Es ist bestimmt nicht nur das Ideal kleinbürgerlicher Träume, es ist die Illusion des Hafens geworden nach den Sturmjahren für Millionen zweifelnder, enttäuschter sowie tätiger und noch hoffender Europäer.

Während ich durch dieses grüne Meer dahingleite, weiß ich, dass kein Haus, kein Garten, keine Straße mein Auge wirklich festhalten und meine Vorstellung verweilen lassen wird, an dem was hinter diesen Wänden leben mag. Meine Gedanken werden keinerlei Schlüsse fassen von dieser wohligen Umgebung hin zu dem Charakter seiner Bewohner. Es wird mir keinerlei Überraschung auf dieser Fahrt beschieden sein. Die Bewohner dieser Häuser und Gärten sind mir seit Langem bekannt und ich weiß, dass ihre Gesichter und Gesten eben so wenig den individuellen Charakter ausdrücken wie diese ihre Wohnstätten.

Ich kenne diese Menschen gut, und habe in diesen langen Jahren alles getan, was man tun konnte, um sie zu kennen und zu lieben in all ihren verschiedenen Lebensumständen, Berufs- und Interessensphären. Ich kenne die Hausfrau, die jetzt hinter ihrer elektrischen Waschmaschine steht, ich weiß wie sie ausschaut, als eine unter einigen Dutzend Variationen von Menschentypen. Ich weiß, wie die kleinen Kinder zur Schule trippeln oder ihre Dreiräder treten, mit welchen Gesten sie sich zu ihren Kameraden finden. Ich kenne die älteren Kinder, die mit hochgezüchteter Scheinanteillosigkeit des Morgens in der Uniform ihrer Schule das Elternhaus verlassen und in wohl diszipliniertem Eifer sich der freundlich-gleichmachenden Routine ihres langen Schultages einreihen. Ich kenne sogar die Väter dazu, die sich auf Rädern oder Autos zum familienerhaltenden „Job“ begeben und in der humorvollen Frische von Schuljungens die leichten wie die ernsten Fragen des Handels und Verkehrs, der Bildung und des Handwerks ergreifen. Ich kenne auch die jungen Menschen, die schon heraustreten aus der Umfriedung elterlicher Versorgung, und früh untertauchen in Werkstatt oder Bureau und sich in vierzig Stunden wöchentlicher Arbeit die kleineren und größeren Freuden verdienen, welche unser Zeitalter auf diesen entfernten Inseln zu bieten hat. Wie gut bekannt sind mir jene jungen Menschen, die sich in die große so lang und gut ausgeklügelte Maschine der Bildung begeben, und deren kurze Kämpfe um „individuelle Lebensgestaltung" von dem großen Strom hinweggespült werden, in dem es zu schwimmen gilt mit allen Kräften, wenn der lebenssichernde Stempel des „Degrees" erreicht werden soll.

Das menschliche Klima dieser Lebenswelt ist mir wohl vertraut, und ich kann nicht leugnen, dass ich es sogar liebe, wie man so wohlbekannte Dinge lieben kann. Ich liebe die Zwanglosigkeit ihrer Gastlichkeit. Die Garantie, dass niemals in die persönlich-intime Sphäre meiner Freuden wie Leiden eingetreten oder gerührt wird, gibt im menschlichen Umgang durchaus die Versicherung einer stets freundschaftlichen, wenn auch nicht besonders würzigen Atmosphäre.

Während ich weiter mühelos meine Pedale durch die ebnen Straßen trete, gebe ich, wie so oft in den vergangenen neun Jahren, meinem Bewusstsein den Befehl, mich zu freuen und festzustellen, dass dieses alles herrlich ist, dass es eine wunderschöne Errungenschaft dieses Landes ist, seinen 1½ Millionen Einwohners solche gesunden Lebensmöglichkeiten zu bieten. Und während ich an dieser Feststellung halte, kommen bereits die Stunden des Lebenstages dieser Stadt vor meine Augen: Ich sehe die Gesichter der Heimkehrenden in dem großen Strudel um fünf Uhr Abends, die Haustüren, die sich öffnen und schließen und sich wieder öffnen, um seine Bewohner zu entlassen zum Kino, zu Vereinstreffen, zu Abendvorlesungen, zu ungezählten lokalen Veranstaltungen, bis alle Lichter verlöschen und diese Stadt ihren Schlaf schläft, tief und traumlos.

Wie das Angesicht dieser Wohnstadt mit seinen niedrigen Giebeln, die sich tief hinab zum Rasen neigen, so ist auch das Leben von einer geregelten milden Gleichförmigkeit. Es ist freundlich, aber fest in eine Ordnung gefügt, die keineswegs als Zwang empfunden umso absoluter besteht. In dieser Ordnung hat das Leben seinen Raum, dessen Grenzen man weder überschreitet noch jemals erstürmt.

Diese Inseln haben ihre Begrenzung in der Unendlichkeit des Ozeans, und mit dieser Begrenzung hatte man sich abzufinden als man dieses Land betrat, und so schuf man wiederum eine Ordnung von Begrenzungen, die unantastbar das Gesetz des Lebens wurden.

Was immer an Einzelschicksal herausragen wird aus der bewegten Fläche dieser Gärten, wird allzu bald wieder in die grüne Ebne hineinsinken. Jeder Kampf um folgenschwere Emanzipation aus der gegebenen Empfindungs- und Denktradition wird am Ende wieder in diese zurückverebben, und eingeschlossen von der ursprünglichen Sicherheit der Lebensordnung keine Spuren hinterlassen. Wenn das Temperament des hier geborenen „Outsider" zu starke Impulse erfährt, dann bleibt immer der Weg hinweg und der Einfluss jener kämpfenden neuplanenden Individuen geht dem Lande selbst verloren.

Ihr müsst nicht glauben, dass diese meine Feststellungen allein deprimierender Natur sind, Oh, nein durchaus nicht! Unendliche Wärme und auch gewisse Schönheit, liegt in all dem, und wir haben ja auch gelernt, uns der gesunden physischen Existenz zu erfreuen. Denkt an die festgeformten Lebensbedingungen der kleineren politischen Einheiten in früheren Jahrhunderten, wie etwa der Schweizer Kantone, oder jenen Herrnhuter Siedlungen in der sächsischen Lausitz gegen Ende des 18. Jahrhunderts. Vergesst auch nicht, dass die große Fähigkeit zur Distanzhaltung des britischen Menschen durchaus nicht nur „das Herz in seinem Leide einsam dahinklagen lässt", sie räumt auch gleichzeitig dem Mitmenschen eine Freiheit ein, wie wir armen Kontinentalen sie erst immer in langen politischen oder religiösen Kämpfen begreifen lernen müssen. Die Begrenzung, welche an sich eng zu sein scheint, gewinnt durch diese Distanzhaltung der Menschen mehr Weite. Es hat Jahre gedauert bis wir verstanden haben, dass das Gesetz von Neuseeland niemals das einer zu entdeckenden Wildnis war, welche immer neu und überraschend ihre Schätze erschließt, den Erforscher zu ungeahnten Unternehmungen anregt und seine Phantasie begeistert.

Dieses Neuseeland welches vor ungefähr hundert Jahren von den Briten erschlossen und bevölkert wurde hat niemals zu unerhörten Gründungen herausgefordert. Die Engländer, Schotten und Iren, und die ganz wenigen Deutschen und Franzosen kamen alle hierher mit festgeformten Vorstellungen des Lebens welches sie hier führen wollten. Auch war ihr Fantasie nicht von der Art, die ihrem Besitzer Streiche spielt.

Die Leistung der ersten Pioniere, die Neuseeland erschlossen und ihren Frieden mit den Maoris machten, nachdem in einem opferreichen Kolonialkrieg deren Widerstandskraft gebrochen war, ist ein großartiger Anfang gewesen. Aber es war im Anfang schon ein Vollbringen, welches zu schnell eine gesättigte Prosperität brachte, dass man sich fragen muss, ob dieser Anfang nicht auch schon ein Ende war.

Als wir vor fast neun Jahren hierher kamen, waren wir begeisterte Immigranten, und sahen in allem, was diesem Land und Volk zu mangeln schien eine prächtige Herausforderung von allem, was wir besaßen, und wer nach Europa uns nicht mehr fragte, mit vollen Händen herzugeben. Ihr werdet mir glauben, dass wir für diesen unsern Enthusiasmus hart zahlen mussten. Ein Immigrant zu sein und sich gleichzeitig begeistern für die Entwicklungsmöglichkeiten des Landes, welches man betritt, und nicht allein, was dieses Land in dem Augenblick unseres Eintritts darstellt, ist genau die Haltung welche man heute von Immigranten nicht gerne sieht und als taktlos verwirft. Besonders ist dies der Fall, wenn das Land klein ist und „jung" und von den sieben Weltmeeren umspült wird. Wenn Deine Fantasie von dem, was sich Dir darstellt, hinwegträgt zu Besser und zu Mehr, zu neuem Planen, welches so natürlich auf dem Gegebenen zu wachsen scheint, dann rufe Deine Fantasie als ein kontinentales Laster zur Ordnung. Als europäischer Intellektueller solltest Du nebenbei gelernt haben, mit den Minderwertigkeitskomplexen Deiner Mitmenschen umzugehen. Beherrsche Dein Gehirn und Deine Hände, wenn Dich aus diesem guten fleißigen Volk, aus dem musenlosen Bau seiner Städte, aus dem gesättigten Frieden seiner Wohnviertel und aus der fast peinigenden Größe und Einsamkeit der Landschaft etwas wie ein federndes Erwarten und Warten anschaut. Du bist nicht der, den man fragt, auf den man wartet.

1½ Millionen Menschen leben auf einem Raum fast so groß wie die Schweiz. Wenn auch die durchziehende Alpenkette breit und gewaltig ist, so ist sie dennoch die Anbaufläche und das noch urbar zu machende Land weit grösser als das der Schweiz. Neuseeland hat eigene Kohle und unbegrenzte Wasserkraft. Es ist mit ehrgeizigem Eifer dabei sich eine ganz vielseitige leichtere Industrie zu schaffen. Mit seinen landwirtschaftlichen Erzeugnissen und seiner großen Wollproduktion könnte ihm eine nicht unbedeutende wirtschaftliche Entwicklung beschieden sein. Es könnte leicht eine Bevölkerung von etwa 10 Millionen tragen, Bescheidne habe sich schon auf fünf Millionen geeinigt. Aber an diesen Millionen scheitert alles.

Eine großzügige Immigrationspolitik kann von einer sozialdemokratischen Regierung nur dann verfolgt werden, wenn in der Bevölkerung eine wirtschaftliche und geistige Bewegung danach drängt oder wenn ein Immigrationsplan wenigstens eines positiven Widerhalls sicher wäre. Aber dem ist in Neuseeland nicht so. Krieg und Unterbevölkerung haben durch Arbeitermangel eine ungeheure Wohnungsnot geschaffen. Weiterhin hat die Unterbevölkerung dem Arbeitenden eine mächtige Oberhand verliehen über den, der die Arbeit verrichtet haben will. Unterbevölkerung hat fast jegliche Konkurrenz des Überdurchschnittlichen gegenüber dem Durchschnittlichen ausgeschaltet. Weiter hat die enge geistige und wirtschaftliche Verbindung mit dem Mutterlande England es dahin gebracht, dass fast alle mehr dynamischen Elemente den Ausweg im Emigrieren suchen und der Prozentsatz der fähigen Neuseeländer, welche zurückkehren, ist sehr gering. Der Lebensstandard des Durchschnittsverdienenden ist außerordentlich hoch. Eine größere Bevölkerung droht für das Erste diese herrliche Errungenschaft zu erschüttern, und erschüttert werden wollen sie bestimmt nicht und niemals. „Außerdem haben wir keine Häuser für Einwanderer." Hinzukommt, dass eine sozialdemokratische Regierung – seit 10 Jahren an der Macht – in dem kleinen Rahmen des Daseins jeden Neuseeländer mit außerordentlichen Versicherungsgesetzen umgeben hat, die teilweise durchaus nicht der Genialität mangeln. Die Allgemeine Krankenversicherung, „Social Security", steht in der Welt einzig da.

In diesem Frieden gebettet, in dem man sich täglich und stündlich das europäische Chaos vorhält, wer sollte eine Änderung erstreben, oder etwa erkämpfen. Der vollbesetzte Mittagstisch, der friedliche Garten, die gefahrlose Stadt, das Feuer im Kamin beweisen täglich neu, dass man im Rechten lebt, und jeder Instinkt des Ausbrechenwollens wird wiederum mit der drastischen Vision unseres zerbrochenen Europas zur Ruhe gebracht. Wohl weiß man, dass die Zukunft gefährdet sein könnte, wenn sich die Bevölkerung in aller nächster Zeit nicht vermehrt. Die Neuseeländer tun ihr Bestes. Aber die Mutter und Hausfrau zahlt am schwersten für die Unterbevölkerung. Ohne Hoffnung aus Haushaltshilfe wägt sie heute schon ihre Arbeit gegen eine geringe Kinderzahl ab. Arbeiter, die Dinge verrichten und der Industrie helfen, braucht man gewiss. Man ruft sie auch von England, mögen sie kommen, aber man betont, dass man solche will, die sich leicht absorbieren lassen, und mit weniger Geschmack spricht man von „hand picked immigrants". Das heißt im Grunde: wir wollen wohl mehr Leute zu unser[m] eigenen Nutzen, aber wir wollen unter keinen Umständen fühlen, dass andere da sind, dass Neues in unser Leben tritt, dass wir befragt werden, um Antwort zu stehen. Der Fremde selbst vom Mutterland („der Himmel bewahre uns vor Kontinentalen") [ist] beunruhigend und wir waren vollständig glücklich bis heute ohne sie. Kein Wunder, wenn das ganze Neuseeland das Antlitz des Wartenden trägt, welches sich leicht in das der Enttäuschung verwandeln könnte.

Nun fragt Ihr uns, warum wir nicht völlig auch hier zur Ruhe kommen? Warum wir immer wieder an unserer eignen Zukunft in diesem Paradiese zweifeln, warum wir uns nicht nur des „Paradieses" freuen. Adam und Eva waren wahrscheinlich Europäer und konnten es nicht lassen von jenen gefährlichen Äpfeln zu essen. So haben auch wir getan, bevor unser Weg uns hierher führte und Ihr wisst die Strafe für die Erkenntnis dauert so lange wie die Menschengeschichte.

Briefe von den Antipoden II

Alle Ihr Freunde, die Ihr uns hier im Paradiese glaubt, seid ja nur zu gut zu verstehen, wenn Ihr Euer Leben mit dem Unseren vergleicht. Für Euch verdunkelt der Kampf um den materiellen Lebenstag noch immer den Ausblick auf irgendetwas, was das Dunkel erhellen könnte. Uns wirft man utopischen Optimismus vor, wenn wir in unseren Briefen hier und da hinweisen auf Lichtblicke und Hoffnungen. Und dennoch bin ich heute mehr denn je überzeugt, dass die Menschen, die heute um ihr tägliches Brot und um ihr bisschen notwendige Wärme ringen, die dem krassesten Opportunismus in seinen unverhülltesten Formen auf Schritt und Tritt zu begegnen haben, nicht die sind, die schon den Blick in die Zukunft richten können, in der für sie die wesentliche Realität ihrer Existenz sichtbar werden könnte. Nur der Heilige gewinnt im Leiden die Distanz zu sich selbst aus der die große Weisheit geboren werden kann.

Ich bin dessen vollständig sicher, dass viele der Sätze, die ich an Euch zu schreiben versuchen werde, unterbrochen werden von dem ständigen Ausruf: „Du hast ja doch keine Ahnung von dem was wir hier durchleben und durchlebt haben! Nur aus unsern täglichen Nöten heraus kann man die verzweifelte Lage beurteilen." – Kann man? Ich bitte Euch einmal für kurze Zeit Euer Herz und Eure Einbildungskraft auf uns zu richten, die wir nun neun Jahre in diesem freundlichen Winkel des Erdballs als erwachsene Europäer zubringen.

Ihr wisst, dass wir nicht zu jenen gehören, die als rezeptive Verehrer von Kunst und Wissenschaft jenen Genüssen nachhungern, welche die europäischen Großstädte so überreichlich über ihre „Kultur" hungrigen Bürger ausgossen. Im Gegenteil; wir sind dankbar für die große Gelegenheit, die uns das Leben bot, dass es uns für lange Jahre hinaustrug aus unser[m] alten kranken Erdteil und uns voll eintreten lies in das Leben einer menschlichen Gemeinschaft, die einerseits die europäische Zivilisation schnell für sich ergriff, aber nichtsdestoweniger von Europa und seiner wirklichen Kultur sowie seiner Krankheit 12000 Meilen entfernt war. Diese große Distanz hat uns vieles sehen gelehrt, und uns in eine harte, aber gute Schule genommen, die wir heute nach neun Jahren als die große Segnung unseres erwachsenen Lebens ansehen. Wir lernten Abstand nehmen von unser[m] eignen Wollen und unseren eignen Inklinationen, soweit sie in ihrer Auswirkung noch auf das Engste an das europäische Klima gebunden waren, und wir lernten die Liebe, der es bedarf, um unter Menschen eines andersgearteten Lebensausdrucks in bester Freundschaft zu existieren.

Je tiefer wir nun eindringen in das Wesen der Menschen dieser südlichen Hemisphäre, auf welche ihr mit so großer Sehnsucht und Hoffnung schaut, um so sicherer kommt uns die Erkenntnis, dass die Menschen dieser Welten es nicht sein werden, die neue unabhängige kraftvolle Kulturzentren schaffen werden, oder eine neue Wärme und Kraft ausstrahlen werden, die das Dunkel unseres Nordens entscheidend erleuchten werden. Wenn diese Länder sich in nächster Zukunft einer bedeutenden Zukunft erfreuen sollten, dann wird es sein, weil es ihnen durch einen entscheidenden Zufluss von europäischen Einwanderern gelingen wird, europäische Kultur erfolgreicher zu reflektieren als es ihnen bisher gelang. Gott Lob sind sie noch immer tief in ihrem Englischen Ursprung verwurzelt, was besonders in Neuseeland eine Schranke gegen die zweifelhaften Segnungen amerikanischer Zivilisation bedeutet. Je tiefer wir eindringen in das Wesen dieser Länder und ihrer Menschen, je klarer wird es für uns, dass sie noch lange die Aufnehmenden sein werden, bevor ein schöpferischer Genius sie dahin entwickelt haben wird, von woher sie einen Einfluss ausüben werden auf die Bezirke ihres Ursprungs, die sie verließen.

Was auch immer in Europa geschehen mag, was auch immer zu verderben scheint oder der Ausrottung Preis gegeben, von Jahr zu Jahr hat sich der tiefe Glaube in uns fester verwurzelt, dass es allein die bestimm[enden] Eigenschaften im Europäer [es] sein werden, welche Europa wieder aufbauen werden. Jene Eigenschaften, welche seit Jahrhunderten tief in ihm existieren, jene Eigenschaften, aus denen die europäische Kultur geschaffen wurde, aus denen das Christentum entstammt. Im Grunde handelt es sich um diese Eigenschaften des Europäers, welche sich beweisen werden gegen den Nichteuropäer weißer Rasse, d.h. gegen jene, die die Macht des Europäers in Kopf und Hand voll besitzen, die jedoch der Eigenschaften, die den Wert und wahren Charakter des Europäers ausmachen in zehn bis zwanzig Generationen verlustig gegangen sind. Der Glanz und der Flimmer unserer neuen Welten schwindet schnell dahin, sobald Wirtschaftsdepressionen und Streikwellen das Profitdasein erschüttern, und Trivialität ersteht in ihren rohesten gemeinsten Formen, denn die kulturellen Versicherungen sind viel zu schwach und unentwickelt. Lasst mich versuchen Euch jene charakteristischen Fähigkeiten des Europäers zu erklären, jene welche wir für die Existenz europäischer Kultur verantwortlich zu machen haben.

Das Bewusstsein des Lebens, dort wo dieses über die materiellen Erfolge des Daseins hinauswächst. Das unbewusste Verantwortungsgefühl für seine Erinnerungen, im tiefsten, geistigen Sinne genommen. Der Europäer entstammt aus einer langen Kette von Menschengenerationen auf dem Boden, auf dem er heute lebt, und hungert, weint und friert. Dieser Hintergrund stellt seine moralische und geistige Sicherheit dar, welche er immer wieder findet und finden wird, wie weit er sich auch aus ihr herausgerissen wähnt. Verlässt er diesen seinen Boden und entfacht die ganze Kraft seines Genius, um sich auf einem fremden Boden anzusiedeln, dann verliert er schnell in ein bis zwei Generationen jenes Verantwortungsgefühl für seine Erinnerungen, jedenfalls für jene Erinnerungen, die lebendiges Dasein enthalten, für die Erinnerungen seiner Geschichte. All dies hat natürlich nichts mit dem krampfhaften Festhalten von Traditionen und Gebräuchen zu tuen. Mit jenen Hammelkeulen, welche der Engländer im heißesten Indien am Sonntag verzehren mag, oder der schottischen Folklore, welche mit Kilt und Backpipe über die sieben Weltmeere getragen wird. Die geistige Erinnerung, auf welcher die Weiterentwicklung der Menschen als Europäer bestand, geht schnell verloren.

Soweit wir unsere Kenntnis über das heutige Europa aus den hiesigen Tageszeitungen beziehen, so erscheint es immer noch als ein ausgedehntes Spielfeld für die Sensationen des Schreckens. Jene Pessimisten, die immer Recht und dennoch immer Unrecht haben, können ihre Lüste in dem Gräuel ihrer Prophezeiungen tummeln. Die so ungeheuerlich trainierten Eskapisten eines ruinierten Deutschlands können weiter mit einem noch schauerlicheren Tod spielen als ihn der Faschismus erfand, und jene, welche so selbstsicher sich an die „nackten Tatsachen" halten, wobei die Betonung meist mehr auf „nackt" als auf „Tatsache" ruht, stehen wohl nicht [vor] dem negativsten aller negativen Resultate. Was ihr wahrscheinlich als meinen Optimismus bezeichnet beruht auch nicht einmal auf der Logik, dass es ja doch einmal besser werden muss, oder auf jener, das die Westmächte die Folgen einer solchen Misere selbst nicht mehr ertragen können, und daher mit drastischen Maßregeln eingreifen werden. Meine Zuversicht, dass die menschliche Spezies, die immerhin in einigen ihrer Exemplare durch die Jahrhunderte den Sinn des Lebens begriff, nicht verderbbar ist, entnehmen wir ganz andern Symptomen. Für diese Symptome, sage ich Euch, wird man hier unten am Globus nahe dem Südpol außerordentlich aufnahmefähig. Unsere geistige Antenne wird keineswegs bedrängt von den Imponderabilien des menschlichen Lebens, daher unsere große Aufmerksamkeit für die wenigen, welche wir empfangen.

Ich erhalte Briefe aus Italien von den alten Freunden, welche im „Podere" jenes Olivenhügels, auf dem auch wir einige glückliche Jahre leben durften, das Oel und den Wein erzeugen. Seit gewiss, ein besseres Zeugnis von der Erhaltung des Menschlichen schlechthin in seinen würdigen Existenzformen könnt Ihr Euch schwer vorstellen. Habt Ihr gelesen von den Brücken, die im legendenhaften Alter die steinigen Flüsse überspannten und eins geworden waren seit Jahrhunderten mit der Landschaft und dem Leben der Menschen? Unzählige dieser Brücken, die das Lebensglied von so vielen italienischen Gemeinden bedeuteten, sind dem Kriege zum Opfer gefallen. Heute sind bereits viele wieder erstanden. Dieselben Brücken, in demselben Schwung und herrlicher Grazie sind wieder gebaut von der Bevölkerung der Dörfer und kleinen Städte. Die Menschen schufen sich ihre Formen wieder aus der Erinnerung, die in ihren Sinnen wach geblieben, durch die Folge unzähliger Generationen. Einen Brief erhielt ich von einem Mädchen in Deutschland, welcher von Verwandten eine hoffnungsvolle Auswanderung angeboten war, um sie aus den Hungermauern Berlins zu befreien. Sie lehnte es ab.[1] Denn das Leben verlange von Augenblick zu Augenblick der Improvisation. Der Tag stellt an die Fantasie, wenn er gemeistert werden will, ungeahnte Anforderungen, dem sei sie verfallen und wolle den Zauber nicht verlassen. Ich könnte Euch noch viel mehr erzählen, aber ich bin sicher, dass Ihr selbst um Euch herum vielmehr derartige Symptome wahrnehmen werdet, wenn Ihr einmal von Politik und Wirtschaft fortschauen könnt in die rein menschlichen Bezirke, dort wo das schöpferische Leben sein Wesen treibt. Ich bin auf das Festeste überzeugt, dass aus

1 Vgl. dagegen S. 78.

diese[n] Symptomen, mögen sie noch so unbedeutend erscheinen, am Ende das menschliche Klima erstehen wird, in dem die Existenz Europas gesunden kann.

Wir erleben hier wohl dieselben Freuden an menschlicher Güte und spontaner Hilfsbereitschaft, wie sie die Herzen auf der ganzen Welt trösten, dessen seit gewiss. Aber jene Züge, die Ihr heute, wenn Ihr hinschauen wollt, im kranken Europa wahrnehmen könnt, an diese[n] mangelt es hier nicht nur, sie sind überhaupt nicht und nirgends vorhanden. Der Europäische Mensch, wird am Ende allein der Faktor sein, welcher für die menschliche Kultur die Entscheidung bringen wird.

Der zweite Nachlasstext ist eine Erzählung, die eine Episode in Otti Binswangers Autobiographie Albatros *ergänzt*[2] *und inhaltlich zugleich ihre englisch geschriebenen Erzählungen von 1945 fortsetzt. Diesen hatte sie den Titel* „And How Do You Like This Country?" *gegeben, jener Frage, die jedem Einwanderer immer wieder gestellt und auf die sie mit ihren* „inside stories", *wie sie in ihrem kurzen Vorwort schreibt, auf ihre Weise antwortete. In ihren Erzählungen gestaltet sie Porträts von Menschen, in deren Denken und Haltungen charakteristische Züge der eher kleinbürgerlich geprägten Lebenswelt ihres Exillandes sichtbar werden. Otti Binswanger bedient sich meist der Figurenperspektive begleitet vom wissenden Blick eines beobachtenden Erzählers. Innen- und Außensicht verbindend gelingt es ihr zeittypische Verhaltensweise ebenso psychologisch lebendig wie kritisch darzustellen, wie etwa das Misstrauen zwischen Farmer und städtisch geprägten Gewerkschafter, das zwischen zwei Brüder tritt, oder die unterschiedlichen Reaktionen von Nachbarn auf die fremden Flüchtlinge, deren Herkunftsland Kriegsgegner des eigenen geworden ist. Immer wieder geht es in den Geschichten darum, wie natürliches Empfindenden und instinktive Menschlichkeit durch gesellschaftliche Normen und Vorurteile eingeschränkt und unterdrückt werden. So erstickt eine Liebe, noch bevor sie sich recht entfalten kann, in konventionellen Rollenerwartungen und in einer anderen Geschichte verhindern solche, dass eine noch junge Witwe ihren Klassendünkel hinter sich lassen und ihrem Gefühl nachgeben kann. So sind Otti Binswangers Geschichten, wie Livia K. Wittmann, es in ihrem Nachwort zur Neuausgabe der Erzählungen bemerkt, immer auch ein Plädoyer gegen die latente, meist kaum bewusste „fear of freedom"*[3]*, der fehlende*

2 Vgl. *Albatros* S. 152–154.

3 Vgl. hierzu Livia K. Wittmanns Nachwort „Living Without Regrets" zu Otti Binswangers Erzählungen (Vgl. S. 8 Anm. 25, S. 106ff.).

und nicht geförderte Mut, ein selbstbestimmtes Leben den eigenen Anlagen und Fähigkeiten entsprechend zu führen.

Die hier erstmals veröffentlichte, wohl um 1950 in London auf Deutsch geschriebene Kurzgeschichte feiert eine solche Selbstbefreiung, die Korrektur des Lebenswegs einer jungen Nonne, als sich deren mütterliche Instinkte stärker erweisen als ihre religiöse Berufung:

[Eine Nonnenmutter][4]

Es waren die konkaven Flankenlinien der beiden Mädchen, welche sich an den Halteriemen hochstreckten. Sie ließen mich durch das schmale Oval hindurchschauen. In der wohlgepackten Londoner Untergrundbahn erblickte ich einen Frauenkopf, der an Ausdruck und Haltung so ganz verschieden war von den uninteressierten, müden Insassen zwischen 5 und 6 Uhr abends. Manchmal tauchte vor der Frau ein Jungenkopf auf. Wenn nur die Mädchen jetzt die Arme nicht sinken ließen, sonst wäre es aus mit meiner Sicht. Jetzt war es aus. Die Station änderte die ganze Packung des Wagens. Doch nein, viele Menschen verlassen jetzt den Zug, und mein Blick wird frei. Dort sitzt eine junge Frau mit ihrem etwa fünfjährigen Jungen, der vor ihr steht, und mit seinem Kopf genau die Höhe ihrer Schultern erreicht. Beide sind in ihrer Haltung so zusammengeschlossen und beeindrucken mich wie eine dort hingestellte Skulptur. Beide sind sie mit sorgfältiger Ungeschicklichkeit gekleidet. Wenn dieser Hut doch nicht das halbe Gesicht der Frau verdecken würde! In ihrer Kopfhaltung ist etwas wie Schalk und Demut zugleich. Irgendwoher ist mir dieser bestimmte Ausdruck in ihrer Haltung seit langem vertraut. Diese Wangenlinie, das etwas zu große Kinn und dieser feste, aber dennoch gelockerte Mund, woher ist mir das so bekannt? Habe ich diese Frau schon einmal getroffen? Aber wo, wo? Ich quäle meine Erinnerung, ich kenne diese Frau. Wenn sie doch aufblicken würde, damit ich ihre Augen sehen könnte! Jetzt kommt die nächste Station, sie steht auf; unbeholfen und scheu führt sie ihren Jungen durch die Menge. Jetzt überschreitet sie die Zugschwelle, ihr Gang wird frei und ich erkenne sie blitzartig. Ich eile ihr nach, ich muss sie erreichen! Raatsch, da schließt sich die Glastür vor meinem Gesicht, ich bin im Zuge gefangen. Sie entschwindet meinem Blick.

Es war an einem der herrlichen Herbstmorgen in diesem südlichsten britischen Dominium. Noch war die Luft still. Das Krankenhaus war gerade aufgewacht, und ich zögerte in das offne Tor der Arbeit einzutreten.

Das Gras breitete sich samten und goldgrün, die Blumenrabatten sprudelten ihre Farben dem Licht entgegen. Da sah ich sie über den Rasen mir entgegen

---

4 Das Typoskript hat keinen Titel. Der Titelvorschlag greift eine Prägung aus dem Text auf.

laufen. Beide Hände hielt sie unter der großen, weißen Schürze versteckt und ihre schweren Röcke wallten im Laufen gewaltig um sie herum. Ihr weißer Schleier flog hinter ihr her. In ihren Augenwinkeln war Spitzbüberei, welche ich so gut in ihrem Ausdruck kannte. Sobald sie mich erreicht hatte, griff sie mich beim Handgelenk und zog mich zu der kleinen Seitentür. Wir schlichen die weißen Fliesengänge entlang. Noch immer versteckte die freie Hand der Nonne sich unter der Schürze. Der Formalingeruch wurde jetzt immer stärker, und ich ahnte unser Ziel. Vor jener bewussten Tür blieben wir stehen, und dann brachte sie unter ihrer Schürze zwei kleine Blumensträuße hervor. In tiefsten Taschen grub sie nach dem Schlüssel und schloss die Tür auf.

„Zwei in einer Nacht, es war schrecklich! Aber sind sie nicht reizend? Haben wir sie nicht schön ausgelegt? Ich habe sie selbst getauft, Joseph und Maria." Und sie beugte sich über zwei geschmückte Babykörbchen und schob ihre Blumen unter die wächsernen Fingerchen von Joseph und Maria, die kalkweiß und glasig weiterschliefen den Schlaf, aus dem man sie nur für Sekunden hatte stören können.

„Werden sich die Väter nicht freuen, wenn sie so schön sind?"

„Ja, Schwester Cordula, die werden sich ganz außerordentlich freuen!" Sie schloss ihre Wachspuppen wieder ein. Den Kopf geneigt, die Hände auf der Brust gekreuzt, Jugend in ihren Füssen, glitt sie davon zur Kapelle und ließ mich allein mit dem Formalingeruch und den Gedanken an die beiden Totgeborenen.

Geschäftig, gleich der Arbeit eines Uhrwerks läuft der Tag und die Nacht auf der Entbindungsstation. Alle Zwischenfälle werden schnell und gewandt jedem drohenden Drama entrissen. Mit schweren Leibern und ordentlich gepackten Köfferchen treten die Frauen aus den leise singenden Fahrstühlen. Ihre Züge sind verschwommen, und ihre Augen blicken, als könnten sie den Himmel und die Erde ergründen, ohne es zu wissen. Dem Mysterium glücklich entzogen und abgekehrt verlassen sie wieder das Krankenhaus, das Bündel im Arm unter farbiger Wollstrickerei wohl verwahrt.

Die Säle liegen sauber in der Sonne, die Bettvorhänge sind zurückgezogen. Die Stricknadeln blitzen, irgendwo singt leise ein Radio. Die Mütter sitzen wohlgebettet und gekämmt in der Pracht ihrer bunten Bettjäckchen. Und die Stunde kommt, die Vorhänge werden vorgezogen, die Pflegeschwestern eilen auf leisen, flachen Schuhen von Bett zu Bett. Wasserhähne rinnen, es klappert Emaille, auf Gummirädern erscheinen die langen, blanken Gestelle mit der Last des schreienden neugeborenen Hungers, und ein Paket Kind nach dem andern wird hinter den Vorhang gereicht, wo es beginnt, sich in seine eigene Lebensexistenz hineinzusaugen. Die Pflegeschwestern laufen, tragen, waschen, erklären, ermuntern und tadeln hier und da in Ungeduld, oder Loben in Erleichterung. Dann füllen sich wieder die blanken Fahrgestelle, die gesättigten Pakete werden abgefahren.

Wenn die Gummihandschuhe abgestreift und die weißen Mäntel abgelegt sind, dann wandeln die Ärzte im eleganten Straßenanzug durch die Gänge. Die Götter wandeln. Die Nonnen tauschen freundliche Grüße und fachliche Bemerkungen mit ihnen. Die weltlichen Schwestern weichen ihnen höflich aus. Die Mütter lauschen mit offnen Ohren und gehorsamen Augen auf das Orakel, welches meistens schweigt. Dem Laien ist die Weisheit gefährdend. Manchmal klopft ein Gott ermunternd die Wangen einer Mutter. Alle versuchen, ihr bestes Betragen zu zeigen. So schwingen die Götter durch die Säle. In den Einzelzimmern verweilen sie länger, sitzen zuweilen in bequemen Sesseln, und als geschmeidige Weltmänner sprechen sie vom Wetter und Pferderennen.

Das Leben geht einen geordneten Gang in der großen Entbindungsstation. Die Qualen und die Schreie bleiben hinter der großen Doppelpolstertür. Wenn die Marter ihren gebührenden Grad erreicht hat, kommt die erlösende Dunkelheit, und die Nonnen und Ärzte walten.

Von einer Nonne sieht man nicht viel. Ihre Haarfarbe ist ein Geheimnis. Niemand kennt ihre Ohren. Die Stirn kann keinen Gedanken verraten, sie ist versteckt unter der gestärkten Verkleidung. Man kann ihr Alter nur ahnen; der Hals, der es verraten könnte, ist ganz bedeckt. Die Augen, die Linie der Wangen, der Mund, das Kinn ist alles, was eine Nonne zeigt. Ihre Hände aber und ihre Handgelenke kann sie nicht verbergen. Trotz ihrer schweren Gewänder erhält eine Nonne ihren Gang, auch ist die Bewegung ihrer Schultern oft verräterisch. Die großen Hauben lassen ihnen keinen Seitenblick, so haben sie schnelle, kurze Kopfbewegungen wie die Vögel. Die weißen Hauben versammeln sich zu Bündeln und verstecken, was geflüstert und gekichert wird. Einige Nonnen sind Meister des Ausdrucks in ihren Gesten und Bewegungen. Hier haben sie sich ihr Selbst ahnungslos erhalten. In Hände und Füße ist eingedrungen, was ihre Nonnentracht ihnen an Ausdruck verbietet. Sie wissen es nicht? Vielleicht nicht. Die Nonnen sind meistens heiter und schnell zum Lachen aufgelegt, denn das Leben ist so herrlich einfach, man könnte neidisch sein. Alles, was auf das gepeinigte Leben dieser Welt herniederprasselt und Fragen erwecken könnte, fließt schnell ab in den großen Strom ihres Glaubens. So kann man vergessen, denn Tragödien gibt es nicht mehr; es darf sie nicht mehr geben.

Nicht alle Nonnen sind gut. Es gibt solche, welche sich wie grauer Staub auf das Leben legen. Entsagung und Macht hat sie hart und auch böse gemacht. Es gibt eine alte Schwester Elena, sie hat eine Art Oberaufsicht über unsere Station, ohne einen Griff zu tun. Wenn sie aus ihrem Zimmer tritt, wo sie in einem Sessel sitzt und schwarze Nonnenstrümpfe strickt, wird die Luft dick wie kalter Nebel. Die Nonnen sind plötzlich unauffindbar, und wenn sie auf unsern Saal zuzielt, dann schieben wir sofort die Betten herum und verstellen die Tür. Wir geben vor, dass wir Patienten verlegen müssen. Die Frauen wissen, was gespielt wird und lassen sich gerne herumfahren; die Alte kann dann gar nicht zu uns herein und uns stören. Sie gleicht einem vertrockneten Weidenast und bewegt sich wie der Besen eines müden Straßenkehrers. Vor uns hat sie sogar etwas wie Scheu, wir hören das Holzgesäge ihrer nörgelnden Stimme selten. Aber gegen die jungen Nonnen ist sie hart. Wir wissen das und warnen sie, wenn wir sie um die Ecken fegen sehen. Eine Nonne kann immer schnell in der Kapelle verschwinden, und wir können sie in der Arbeit ersetzen. Es gibt immer etwas zu beten. Wie oft muss man den heiligen Antonius anrufen, denn er hilft die verlorenen Bettjacken und Hausschuhe wiederzufinden. So suchen wir, während die Nonnen in der Kapelle uns helfen mit ihrem Gebet. Es glückt nicht immer, die junge Schwester Cordula vor der Alten zu schützen. Manchmal sehen wir ihren gehorsam gesenkten Kopf unter der scharfen Stimme der Alten. Wir sehen sie hinterher ihre graden Schultern rebellisch schütteln, das tröstet uns.

Ich treffe Schwester Cordula, wenn sie am Morgen vom Dienst geht oder das nächtliche Schlachtfeld aufräumt. Dann helfe ich ihr den Sterilisator zu füllen. Mit der ganzen Kraft meiner Lungen und meines Hohnes blase ich in die Gummihandschuhe der Götter, jedes Paar mit illustren Namen versehen. Schwester Cordula stimmt lachend meinen Kommentaren über die Unfehlbarkeit der medizinischen Profession zu. Wir sind Freunde. Sie hat die großen blauen Augen der Iren. Wahrscheinlich sind ihre Haare dunkel gewellt. Sie ist so jung und schwungvoll. Warum sie nur eine Nonne geworden ist? An St. Patriks Tag trägt sie eine große grüne Schleife auf ihrer Kutte. Ich beglückwünsche sie zu dem Tage ihres National-Heiligen. Schnell ist sie mit der ganzen weißen Haube über meinen Ohren: „Wir waren alle irische Rebellen!“ So, denke ich, das war es also, man kann sich auch in eine Nonnentracht hineinrebellieren.

Ich wusste es schon, als ich durch die Glastür trat an jenem Morgen, dass etwas Ungewöhnliches, etwas Schreckliches geschehen war. Man schloss eiligst die Zimmer- und Saaltüren, man bewachte die Gänge, und die ganz verdeckte Bahre wurde schnell in den Fahrstuhl geschoben. Man hatte sie nicht retten können, ein plötzliches Aussetzen des Herzens, es war niemandes Fehler noch Versehen. Ein Todesfall auf einer Entbindungsstation ist zu einer Seltenheit geworden; wir sind alle wie geschlagen. Später gehe ich in den Säuglingssaal, um das mutterlose Baby zu betrachten. An einem der Körbe sehe ich Schwester Cordula. Sie ist verändert. Etwas an ihrer Haltung verhindert mich sie anzusprechen und mich dem neuen Baby zu nähern. Die Säuglingsschwester gibt mir ein Zeichen, ich gehe schnell hinaus.

Lange bevor ihr eigentlicher Nachtdienst beginnt, ist Schwester Cordula jetzt auf der Station und beschäftigt sich mit Klein-George. Der Vater, ein junger, scheuer englischer Soldat, hat das besondere Vorrecht, nach der Besuchsstunde zu kommen, um seinen Sohn zu sehen. Er kommt direkt in den Säuglingssaal, und wir sind alle sehr freundlich zu ihm. Schwester Cordula ist immer dabei. Sie nimmt Klein-George aus seinem Korb und reicht ihm den Vater hin, der ihm unbeholfen über den kleinen weißbeflaumten Kopf streichelt. Wir sitzen alle sehr gemütlich dann noch zusammen. Jemand hält Wache auf den Gängen, doch die Nonnen sind um diese Zeit meistens in der Kapelle.

Schwester Cordula ist verändert. Sie ist nicht mehr wie ein junges Mädchen unter Freunden. Sie ist älter, sachlich bestimmt und sogar steif. Sie vermeidet jetzt alle Gespräche mit uns. Wie eine alte Oberschwester kümmert sie sich jetzt um den Säuglingssaal, was keineswegs ihre Aufgabe ist. Wir lassen sie gewähren und schauen uns an. Es gibt keinerlei sentimentale Mutterszenen im Säuglingssaal. Dort herrscht ohnehin immer ein rauer Humor. Doch irgendeine Gefühlsschau betreffs Klein-George und es wäre das Ende. Schwester Cordula würde auf eine andere Station versetzt, und Klein-George würde in ein Kinderheim abwandern. Er ist ohnehin schon recht lange bei uns. Niemand von uns verrät Nonne noch Baby zu den andern Nonnen.

Wir haben ein Zimmer, das abgelegen und nur im Notfall belegt wird. Eines Abends, als ich schon auf dem Heimweg bin, öffnet sich plötzlich die Tür dieses Raumes und Schwester Cordula reicht mir eiligst und geheimnisvoll Klein-George entgegen. Hier also ist sie mit dem Kinde allein wie eine wirkliche Mutter, wenn der Vater das Haus verlassen hat. Hier hat sie ihre Freude und ihren geheimen Kampfplatz mit ihrem selbstgewählten Schicksal. Ich schwindele auf Umwegen das Baby in seinen Korb zurück. Wir sprechen kein Wort darüber. Doch als ein stummes Einverständnis stehle ich von nun an Klein-George mit seiner letzten Flasche von seinem offiziellen Platze in der langen Reihe der Neugeborenen und schleiche mich zu jenem Zimmer, wo mich Schwester Cordula stumm und erregt erwartet. Etwa nach einer halben Stunde hole ich ihn ab und bringe ihn zurück. Die Säuglingsschwester drückt beide Augen zu. In der Zwischenzeit stehe ich Wache. Die geheime Nonnenmutter beschäftigt mich mehr und mehr. Sie scheint von einer harten Leidenschaft besessen. Eines Abends, als ich auf Wachdienst bin, kommt die alte Schwester Elena suchend und fragt nach Schwester Cordula. Ich gebe einen entfernt gelegenen Platz an, wo ich sie soeben gesehen hätte. Die Alte steigt nicht gerne Treppen. Doch sie hat einen giftigen Jägerblick, und sie glaubt mir nicht. Wir müssen uns lange verstecken, bis die Luft rein ist.

Das ging einige Wochen, doch es konnte nicht länger gehen. Die Nonnen fühlten eine Fremde und Veränderung von uns allen. Ich hörte sie über Schwester Cordulas Nachdienst mängeln, und die Alte jagte nach einen Triumpf, das war uns klar. Der englische Vater kam nur noch selten. Was aber war geschehen?

Klein-George gehörte zu ihr und sie zu ihm vom ersten Tage seines Lebens. Beide hatten scheinbar keine Wahl. Wir waren versucht, mit ihr zu sprechen, doch wie konnten wir? Es stand so viel auf dem Spiele; wir fühlten uns nicht befugt, wir waren keine Nonnen und lebten ja doch nur am äußersten Rande ihrer Nonnenwelt.

Eines Morgens war Schwester Cordula nicht auf der Station. Eine fremde Nonne tat ihre Arbeit. Ja, die irische Nonne sei krank. Noch am selben Tage brachte man Klein-George in ein Kinderheim. Er hatte den ganzen Tag lang seine Nahrung ausgespien. Dann hörten wir, Schwester Cordula würde auf eine andere Station in ein anderes Krankenhaus des Ordens versetzt werden. Es gab für uns keine Möglichkeit, mit ihr in Verbindung zu kommen. Die Nonnen waren wie verstörte Hühner. Die Alte schien wirklich Triumpf auszudrücken, wenn sie durch die Gänge fegte.

Als ich mich deprimiert am Abend auf meinen Heimweg begab, fühlte ich einen Brief in meiner Manteltasche. Ich öffnete ihn und fand darin einen andern Brief mit einer Militäradresse versehen. Ich frankierte diesen Umschlag und warf ihn in den nächsten Briefkasten.

Sehr bald danach verließ auch ich das Krankenhaus und das Land. Auf dem Schiff hörte ich allerlei Gerüchte durch einen jungen Arzt, der im Krankenhaus gearbeitet hatte. Es schien, als ob eine höhere weise Macht des Ordens in das Schicksal und den Kampf der Schwester Cordula eingegriffen hatte, denn sie schien ohne ihren Willen dennoch unerschütterlich, die Begegnung zwischen Klein-George und ihr war scheinbar stärker als ihr Gelübde.

Wie oft habe ich Schwester Cordulas und Klein-Georges gedacht! Und heute habe ich sie beide in der Londoner Untergrundbahn gesehen. Und sie ist noch jung und mütterlich glücklich! Hätte ich sie doch noch erreicht! Ob ich sie wohl jemals wieder treffen werde in dieser Stadt der Millionen?

GERMANICA PACIFICA

Series Editor James N. Bade

Vol. 1 Evelyn Wareham: Race and Realpolitik. The Politics of Colonisation in German Samoa. 2002.

Vol. 2 Helen Baumer: One-Way Ticket to New Zealand. Swiss Immigration after the Second World War. 2003.

Vol. 3 James N. Bade: Von Luckner: A Reassessment. Count Felix von Luckner in New Zealand and the South Pacific 1917–1919 and 1938. 2004.

Vol. 4 Emily Turner-Graham / Christine Winter (eds.): National Socialism in Oceania. A Critical Evaluation of its Effect and Aftermath. 2010.

Vol. 5 Otti Binswanger: "And How Do You Like This Country?" Stories of New Zealand. Edited by Friedrich Voit and with an Essay by Livia Käthe Wittmann. 2010.

Vol. 6 Emily Turner-Graham: "Never forget that you are a German". *Die Brücke*, "Deutschtum" and National Socialism in Interwar Australia. 2011.

Vol. 7 Margaret Sutherland: One Artist on Five Continents. The Life of Elisabet Delbrück. 2011.

Vol. 8 James N. Bade (ed.): Karl Hanssen´s Samoan War Diaries, August 1914-May 1915. A German Perspective on New Zealand´s Military Occupation of German Samoa. With the assistance of James Braund, Alexandra Jespersen, and Nicola Pienaar. 2011.

Vol. 9 Christine Winter: Looking after One's Own. The Rise of Nationalism and the Politics of the Neuendettelsauer Mission in Australia, New Guinea and Germany (1921-1933). 2012.

Vol. 10 James Braund (ed.): Ferdinand Hochstetter and the Contribution of German-Speaking Scientists to New Zealand Natural History in the Nineteeth Century. 2012.

Vol. 11 Andrew G. Bonnell / Rebecca Vonhoff (eds.): Germans in Queensland. 150 Years. 2012.

Vol. 12 Hilary S. Howes: The Race Question in Oceania. A. B. Meyer and Otto Finsch between Metropolitan Theory and Field Experience, 1865-1914. 2013.

Vol. 13 James N. Bade: Germans in Tonga. 2014.

Vol. 14 Friedrich Voit: Eine Wiederbegegnung im neuseeländischen Exil. Der Briefwechsel von Karl Wolfskehl mit Otti und Paul Binswanger (1939-1948). „Ihre Briefe atmen Kraft und alle Lust zum und im Lebenskampf. 2014.

www.peterlang.com

www.ingramcontent.com/pod-product-compliance
Lightning Source LLC
Chambersburg PA
CBHW060756310726
48980CB00002B/113
9783631651810